Christian Meier
Die unbekannten Athener

Centrum Orbis Orientalis et Occidentalis (CORO)
Zentrum für Antike und Orient

Akademie der Wissenschaften zu Göttingen
Georg-August-Universität Göttingen

Julius-Wellhausen-Vorlesung

Herausgegeben von
Reinhard G. Kratz und Rudolf Smend

Heft 8

De Gruyter

Christian Meier

Die unbekannten Athener

De Gruyter

ISBN 978-3-11-069906-7
e-ISBN (PDF) 978-3-11-071766-2
e-ISBN (EPUB) 978-3-11-071776-1
ISSN 1867-2213

Library of Congress Control Number: 2020934311

Bibliografische Information der Deutschen Nationalbibliothek
Die Deutsche Nationalbibliothek verzeichnet diese Publikation in der Deutschen
Nationalbibliografie; detaillierte bibliografische Daten sind im Internet
über http://dnb.dnb.de abrufbar.

© 2021 Walter de Gruyter GmbH, Berlin/Boston
Druck: CPI Books, Leck

www.degruyter.com

Inhalt

Gustav Adolf Lehmann
Einführung VII

Christian Meier
Die unbekannten Athener 1
   Bemerkung zu den Anmerkungen 70
   Anhang 71

Einführung

Gustav Adolf Lehmann
Akademie der Wissenschaften zu Göttingen

Sehr geehrte Frau Meier, sehr verehrter Herr Kollege Meier, meine Damen und Herren!

Es ist für mich eine große Ehre, Ihnen hier, im Rahmen der Julius-Wellhausen-Vorlesung 2018, in einer kurzen Einführung den Vortragenden, den Althistoriker *Christian Meier* aus München (geb. 1929 in Stolp/Pommern), in seinem Leben und Werk mit wenigen Worten vorzustellen. Er zählt unbestreitbar zu den bekanntesten Historikern Deutschlands; auch ist er, nicht zuletzt unter prominenten französischen Geschichtsforschern, als Gelehrter und *homme de lettres* sehr angesehen.

Nach Vertreibung und Flucht (aus seiner Heimatstadt und danach aus der SBZ) konnte Meier 1948 in Hamburg das Abitur ablegen und danach ein Studium in den Fächern Geschichte, Klassische Philologie und Römisches Recht aufnehmen. Prägenden Einfluss hatte auf ihn der Heidelberger Althistoriker *Hans Schaefer*. Auf die Promotion 1956 in Heidelberg folgte 1963 die Habilitation für das Fach Alte Geschichte in Frankfurt a.M. Durch eine glückliche Fügung war Meier zuvor der Katastrophe des Heidelberger althistorischen Seminars im September 1961 entgangen – durch einen Flugzeugabsturz (in Anatolien), der Meier nicht nur seines akademischen Lehrers, sondern auch mehrerer Studienfreunde beraubte. Die Betreuung der Habilitation in Frankfurt a.M. hatten *Matthias Gelzer* und *Hermann Strasburger* (Freiburg i. Brsg.) übernommen.

Unter dem Eindruck seines ersten, großen, aus der Habil.-Schrift erarbeiteten Werkes „Res Publica Amissa" (zuerst 1966) – eine von intimer Quellenkenntnis geprägte und vielfach ganz neue Aspekte und Fragestellungen eröffnende Studie (zur Krise der Römischen Republik in der Ära nach Sulla) – wurde Meier auf verschiedene althistorische Lehrstühle in Basel, Köln, Bochum und schließlich 1981 nach München berufen.

In zahlreichen wissenschaftlichen Abhandlungen, in denen er zugleich die Grundlagen für seine großen historischen Darstellungen erarbeitete, hat Meier (M.) sich im Bereich der Römischen und Griechischen Geschichte fachlich unbestritten als einer der fruchtbarsten und profiliertesten Forscher seines Faches einen Namen gemacht. Einer breiten fachlichen und außerfachlichen Öffentlichkeit ist er vor allem durch seine große *Caesar*-Biographie und das bedeutende Werk *Athen: Ein Neubeginn der Weltgeschichte* bekannt geworden; M. hat es hier glänzend verstanden, jahrzehntelange gelehrte Arbeit mit modernen, weiterführenden Fragestellungen zu verknüpfen und anhand zentraler Gegenstände seines Fachs eine lebendige, intensive Debatte – weit über den Kreis der Fachleute hinaus – zu eröffnen.

In den 1970er und 1980er Jahren, in einer vielfach von ideologischem und politischem Streit erfüllten Zeit, hat es M. immer wieder verstanden, das historisch-methodische Gespräch zwischen den Grunddisziplinen des Fachs "Geschichte" und auch mit der politischen Öffentlichkeit durch kluge, anregende Beiträge in Gang zu halten und zu vertiefen. Von 1980 bis 1988 war M. Vorsitzender des (mehr als 2000 Mitglieder zählenden) „Verbandes der Historiker Deutschlands". Ihm ist es in diesem prominenten Amt als Vermittler gelungen, während des berüchtigten „Historiker-Streits" (1986/7) den großen Fachverband zusammenzuhalten und fortwirkende Beschädigungen abzuwenden. Auch aus der Perspektive der Altertumswissenschaften wird man es M. als großen Verdienst anrechnen dürfen, dass er die Geschichte des Altertums immer wieder im Gespräch mit den modernen Disziplinen des Gesamtfachs „Geschichte" zu halten vermochte und dabei andererseits wesentlich dazu beigetragen hat, der Geschichtswissenschaft ihre zeitliche und kulturelle Tiefendimension zu erhalten.

Dass er als faszinierender Hochschullehrer einen großen Schülerkreis (auch jenseits der engeren Grenzen des Faches Alte Geschichte) gewinnen konnte, soll in diesem knappen Überblick nicht unerwähnt bleiben.

Zum Abschluss aber möchte ich mit besonderem Nachdruck hervorheben, dass M. die einst von *Theodor Mommsen* eingeschärfte „Verpflichtung des Historikers zu politischer Pädagogik" stets sehr ernst genommen hat. So hat er – nach dem *annus murabilis* 1989 in Deutschland und Europa – den dramatischen Prozess der deutschen Wiedervereinigung mit zahlreichen Wortmeldungen und gewichtigen politisch-historischen Essays begleitet (u.a. „Die Nation, die keine sein will", München 1991 u. „Die parlamentarische Demokratie", München 1999). Gerade auch wegen dieser und vergleichbarer politisch-publizistischer Engagements und Leistungen hat unsere *Göttinger Akademie der Wissenschaften* Herrn M. 2009/10 die „Lichtenberg-Medaille", ihre höchste wissenschaftliche Auszeichnung verliehen.

Herr Meier, wir sind sehr gespannt auf Ihren Vortrag!

Die unbekannten Athener

Christian Meier
München

Um die Athener soll es hier gehen, vornehmlich, aber nicht ausschließlich um die des fünften Jahrhunderts v. Chr. Um ein für griechische Verhältnisse sehr großes Gemeinwesen; dem Raume nach ungefähr so groß wie heute das Großherzogtum Luxemburg. Die Zahl seiner männlichen erwachsenen Bürger schwankte; Kriegsverluste konnten in die Tausende gehen; im Schnitt betrug sie damals, sehr großzügig geschätzt, bis zu etwa 50 000.

Diese Athener haben im fünften Jahrhundert v. Chr. eine sehr bedeutende Rolle gespielt. In mehreren Hinsichten. Hier sei es zunächst genug mit vieren.

Erstens: In jenem Kampf, den die Griechen um ihre Selbstbehauptung zu führen hatten – gegen das große, noch junge persische Weltreich, das von der Ägäis bis zum Indus, von Ägypten bis an den Kaukasus reichte, das sich auch die griechischen Poleis in Kleinasien sowie auf den vorgelagerten Inseln unterworfen hatte. Als die Perser nämlich zu Anfang des fünften Jahrhunderts auch die westliche Seite der Ägäis ihrem Reiche einverleiben wollten, leisteten die Athener den kräftigsten Beitrag zur Abwehr, schließlich zum Sieg über das Weltreich, zumal bei Marathon 490 und bei Salamis 480.

Zweitens: Als gleich darauf die auf der östlichen Seite der Ägäis lebenden Griechen die anderen aufforderten, sie von der Perserherrschaft zu befreien, waren es vor allem die Athener, die sich dazu bereitfanden und die Perser zurückzudrängen vermochten.

Drittens: Um Sicherheit gegen neuerliche Angriffe aus dem Osten zu gewährleisten, schlossen die Athener mit zahlreichen Griechenstädten einen Bund, den sogenannten Seebund. Je erfolgreicher er war, um so weniger leuchtete mit der Zeit vielen von denen ein, daß man ihn noch brauchte. Allein, Athen, die führende Macht, bestand darauf, daß weiterhin Beiträge gezahlt würden. Die Flotte mußte ausgebaut, ihre Kampffähigkeit erhalten, die Schiffe immer wieder durch neue ersetzt werden. Und es waren auch die Kriege sowie allerlei anderes zu finanzieren, was zunehmend die Größe, ja den ganzen Atem und den Wohlstand der Stadt und ihrer Bürger ausmachte. Außerdem hatten die „Bundesgenossen" stets neu auch Hopliten zu stellen.

Zunächst wird man in Athen gefunden haben, daß der Bund gegen die Perser notwendig sei. Mit der Zeit aber ging es zunehmend darum, die eigene Großmacht zu bewahren, wohl auch Kosten der Demokratie zu bestreiten, übrigens ja auch über reichlich Mittel zu verfügen, um Athen mit großartigen Bauten auszustatten. Denn die Perser verloren bald das Interesse an der Ägäis.

So wurde aus dem Seebund eine Herrschaft, ja eine Tyrannis. Es war nicht einfach, sie zu behaupten, doch gelang es fünf bis sechs Jahrzehnte hindurch sehr glatt. Nie sonst ist dergleichen unter den Griechen möglich gewesen. Es mußte dafür Verschiedenes zusammenkommen, das große Ansehen, über das Athen nach den Perserkriegen verfügte, seine Überlegenheit, die große Zahl der Städte, die sich nach dem Krieg zum Bündnis zusammentaten, und die über lange Zeit relativ geringen Beiträge, welche den einzelnen Bündnern nicht gar so viel abverlangten (so lästig es gleichwohl sein konnte), in der Summe jedoch genügend Mittel ergaben, um Athen die Bewahrung seiner Vormachtstellung zu ermöglichen.

Schließlich kam es zu einem langen, schweren, dem sogenannten Peloponnesischen Krieg. Die zweite große griechische Macht, Sparta, gab die Parole der Freiheit aus. Doch erst nach 27 Jahren unterlagen die Athener.

Ein einziges Mal also, darum vor allem geht es in dieser dritten Hinsicht, in der Athens große Bedeutung lag, konnte eine Stadt weite Teile der Poliswelt (soweit sie an der Ägäis lag), weit mehr als hundert Poleis, einer relativ stabilen Herrschaft unterwerfen. Mußte und konnte sie mithin mehr oder weniger den Anforderungen genügen, die an eine Großmacht gestellt werden; an Kenntnissen, Überblick, Urteil sowie den immer neu aufgegebenen Entscheidungen. Vom Einsatz unzähliger Menschenleben zu schweigen.

Damit sah sich Athen Anfechtungen vieler Art ausgesetzt; Aufgaben, für die die Griechen in ihren vielen kleinen Städten, in ihrer politischen Verhaftung in enge Nachbarschaften eigentlich nicht disponiert waren; wohl auch Wirrnissen verschiedener Art.

Doch haben die Athener damals noch in zwei weiteren Hinsichten eine große, erstaunliche (nahezu unglaubliche) Rolle gespielt.

Die eine davon – die vierte also insgesamt (von einer fünften wird später die Rede sein) – bestand in der Herbeiführung und dem konsequenten Ausbau einer radikalen Demokratie, zum ersten – und in dieser Konsequenz und Stabilität doch wohl einzigen – Mal in der Weltgeschichte. Es wurde damit eine imaginäre Mauer durchstoßen, die alle Kulturen bis dahin eingegrenzt hatte.

Schon vorher hatte die Volksversammlung auch in Athen, wie unter den Griechen weit verbreitet, das Recht, Amtsträger zu bestellen sowie über Gesetze, Verträge, Krieg und Frieden zu entscheiden. Aber es hatten sich in ihr in aller Regel vielerlei Einflüsse von seiten Adliger geltend gemacht. Auf ganz besondere Weise war das in den Jahren nach den Perserkriegen in Athen der Fall, als es erstmals über den ganzen Ägäisraum Politik zu treiben hatte. Damals hatte dort der alte Adelsrat auf dem Areopag große Autorität erlangt – dank der in ihm versammelten Erfahrungen, Kenntnisse und Beziehungen. Man kam nicht ohne die zumeist weitgereisten Herren sowie ohne die Unzahl der Gastfreundschaften aus, die sie in die verschiedenen Teile der griechischen – zum Teil auch der nicht-griechischen – Welt unterhielten. Und es lag nahe, daß sie in größerem Kreis darüber berieten, eben in der Versammlung der wichtigsten Adligen, und zu entsprechenden Empfehlungen kamen.

Dann aber, 462/1 – inzwischen hatten die attischen Flotten immer wieder die Ägäis durchkreuzt, auch die kleinen Leute, die dort ruderten, wußten, was es da für Entfernungen gab, wo die verschiedenen Inseln lagen, wer dort herrschte und welche Probleme sich jeweils für die Athener auftaten – dann also entmachtete man den Areopag. Die Volksversammlung wurde von seiner Autorität emanzipiert. Das Volk wollte – und konnte – herrschen. So wurde die Demokratie herbeigeführt. Die Volksversammlung war nicht mehr ein Organ neben anderen, sondern sie streckte sich zum Ganzen der Polis. „In der Mehrheit ist das Ganze drin", hieß es bei Herodot (3,80,6).

Und diese – damals gewiß schon als solche begriffene (und erkämpfte)[1] – Volksherrschaft wurde bald bis ins Äußerste getrieben. Was in Athen Demokratie war, hat mit unsern Demokratien kaum mehr als den Namen gemein. Was heute so leicht Verwirrung stiftet – denn wer ist das Volk? Wie kann es „herrschen", wenn doch in Wirklichkeit noch nicht mal die von ihm gewählten Abgeordneten, sondern eher die von denen bestellte Regierung das tut (von der sie weitgehend abhängen)? So daß breitere Teile des Volkes, wenn es mit der Identifizierung mit Parteien hapert (wenn also weniger links gegen rechts als oben gegen unten zu stehen scheint), sich eher als beherrscht empfinden können oder gar müssen – und der Begriff Demokratie leicht in die Irre zu führen scheint. So daß die sogenannten Populisten sich und die ihren leicht mit dem Volk verwechseln können. Was somit also, um es zu wiederholen, heute so leicht Verwirrung stiftet, war damals klar. In Athen herrschte das Volk wirklich, soweit wie nur irgend möglich. Buchstäblich. Es gab eine klare Unterscheidung zur Herrschaft des Adels respektive einer Oligarchie, von der Tyrannis zu schweigen.

Die Volksversammlung trat in dichten Abständen, später alle zehn Tage zusammen. Sie hatte alle wichtigen (und vielerlei andere) Entscheidungen zu treffen. Übrigens tagte sie sitzend. Wo es notwendig erschien, wurde offen und ausgiebig vor ihr diskutiert. Jeder männliche erwachsene Bürger hatte – denn darin, so wurde kräftig herausgestrichen, bestand seine Freiheit – das Recht, sich vor der Volksversammlung zu äußern. Und von diesem Recht scheint durchaus auch Gebrauch gemacht worden zu sein. Die Volksversammlung legte großen Wert darauf, daß jeweils alle Argumente und Meinungen für und wider die Vorschläge zu Wort kamen. Platon (und Sokrates) konnten sich nicht genug darüber erregen, daß die Volksversammlung, wenn es um technische Fragen ging, etwa der Architektur oder des Schiffbaus, nur Spezialisten hören wollte; andere buhte (oder pfiff?) es aus; bei wichtigen politischen Entscheidungen aber konnte jedermann dort das Wort nehmen. Keinem Schiff würde man sich anvertrauen, dessen Steuermänner nicht gut geschult seien.[2]

---

1 Das scheint sich mir aus Aischylos' Hiketiden 370.603 ff. 699 ff. zu ergeben. S. u. S. 71 ff.
2 Platon, Protagoras 319c/d. 322e. Sokrates in Xenophons Memorabilien 1,2,9.

Die Tagungen wurden vorbereitet durch den Rat der Fünfhundert, den es seit dem Ende des sechsten Jahrhunderts gab, dem aber jetzt, seit der frühen Mitte des fünften Jahrhunderts, der Entmachtung des Areopags – zumal angesichts der enorm erweiterten Agenda von Außenpolitik und Kriegführung – ein ganz neues, sehr großes Gewicht zukam. Er hatte über die Tagesordnungen zu beraten, Anträge zu prüfen und zu formulieren, alle Gegenstände, mit denen die Volksversammlung zu befassen war, zu diskutieren (und zudem die gesamte Verwaltung zu überwachen). So wurde es möglich, daß die Volksversammlung mit den – angesichts der Herrschaft Athens – vielfach sehr schwierigen Gegenständen fertig wurde; möglichst ohne allzu sehr den jeweiligen Rednern aufzusitzen; wie auch immer. Dabei war sie an die Vorlagen des Rats nicht gebunden. Sie konnte sie abändern, auch verwerfen.

So wichtig somit der Rat war und gerade auch weil er es war, war zugleich Vorsorge dafür getroffen, daß die Ratsmänner nicht mehr als das unvermeidliche Minimum an Einfluß gewannen: Der Rat wurde jedes Jahr neu zusammengesetzt, und zwar zu hundert Prozent: Kein Ratsmann durfte im nächsten Jahr wiederum in den Rat. Ja, keiner durfte (so wurde bald – wir wissen nicht genau, wann? – festgelegt) öfter als zweimal im Leben Ratsmann sein; zuvor mag die Wiederholung schon (oder erst) nach vier Jahren erlaubt gewesen sein[3]. Auch ist damit zu rechnen, daß die Ratsmänner schon früh, vielleicht von vornherein durch das Los bestimmt wurden. Später wurden, damit auch ärmere Männer am Rat teilhaben konnten, Diäten gezahlt.

Das Gremium also, das der Vorbereitung der Volksversammlung auf alle Entscheidungen, der Beratung der gesamten Politik der mächtigsten Polis, des wichtigsten Gegenparts der persischen Weltmacht diente (das auch deswegen unentbehrlich war, weil es viel mehr Zeit auf die verschiedenen Gegenstände verwenden konnte als die Volksversammlung), verdankte sich in seiner Zusammensetzung dem Zufall des Loses. Und es gab keine Chance, daß sich in ihm zumindest ein Kern erfahrener Ratsmänner über die Jahre hin hätte bilden können. Immerhin war eines gesichert: Alle Teile, alle Dörfer und kleinen Städte sowie Stadtbezirke Athens waren im Rat proportional vertreten. Denn die Ratsmänner wurden von den sogenannten Demen, den kleinsten

---

3   So war es jedenfalls in Erythrais von Athen beeinflußter Verfassung vorgesehen (Inscriptiones Graecae I3. 14,11).

geographischen (und Verwaltungs-) Einheiten der Bürgerschaft entsandt. Sie kamen von dort und kehrten dorthin zurück, um von ihresgleichen abgelöst zu werden. Insofern war vermittels des Rats, welcher täglich außer an Feiertagen zusammentrat, die ganze Bürgerschaft in Athen präsent.

Doch wurde auch innerhalb des je amtierenden Rats darauf geachtet, daß nicht einzelne Ratsmänner das ganze Jahr über im Vordergrund standen. Denn die Geschäftsführung hatte, in kurzen Abständen wechselnd, ein Ausschuß in der Hand: Jeweils für ein Zehntel des Jahres die fünfzig Ratsmänner einer der zehn Phylen, in die wie die attische Bürgerschaft so auch der Rat gegliedert war. Jede dieser Phylen setzte sich zu je einem Drittel aus Bürgern mit dem Wohnsitz in Athen und seiner engeren Umgebung, an den Küsten und im Binnenland zusammen; bildete insofern einen Querschnitt durch die Bürgerschaft. Aufgabe der jeweils präsidierenden fünfzig Ratsmänner war es, den Rat einzuberufen, die Tagesordnung festzusetzen und vorzubereiten sowie den Vorsitz im Rat und in den Volksversammlungen zu führen, welche in ihrem Jahreszehntel stattfanden. Auch mußten einige von ihnen die Zahl der – durch Handaufheben abgegebenen – Stimmen in der Volksversammlung schätzen. Einen Hammelsprung scheint man nicht gekannt zu haben; er hätte wohl auch zu viel Zeit gekostet. Diese Ratsmänner, die „Prytanen", hatten – eine Steigerung der Präsenz – Tag und Nacht im Ratsgebäude anwesend zu sein.

Unter den Angehörigen der jeweils amtierenden Phyle wurde von Tag zu Tag einer erlost, der – ein einziges Mal während des Jahreszehntels – gleichsam die Position des obersten Bürgers zu bekleiden hatte. Er hatte die Ratssitzung und gegebenenfalls die Volksversammlung zu leiten (kein leichtes Geschäft, da es dort recht stürmisch zugehen konnte, mit Zwischenrufen, Lärm, Unruhe, Protest; aber er mußte es jeweils aus dem Stand, auf Anhieb beherrschen). Außerdem lagen in seiner Hand die Schlüssel zu den Heiligtümern (in denen die Schätze sowie das Archiv der Stadt verwahrt waren).

Mit wenigen Ausnahmen wurden auch die Amtsträger, inklusive der obersten, der neun Archonten, Jahr für Jahr durch das Los bestimmt, aus Hoch und Niedrig (obzwar nicht für alle Ämter auch die aus der untersten Vermögensklasse in Frage kamen). Keiner durfte ein Amt ein zweites Mal bekleiden. Für so viele wie möglich sollten Stellen zur Verfügung stehen.

Die Zahl der Amtsinhaber belief sich zuletzt auf etwa 700, wir wissen nicht, wie rasch sie anwuchs. Jedenfalls waren die Amtsbereiche relativ eng geschnitten, die Ämter wurden in der Regel von zehn Männern (aus jeder Phyle einem) verwaltet. Auch dies diente dazu, daß relativ viele Bürger die – auch als Ehre verstandenen – Positionen einnehmen konnten (vermutlich ohne daß ihr Tageslauf dadurch unbedingt voll in Anspruch genommen worden wäre). Zugleich wuchs mit der Zahl die Wahrscheinlichkeit, daß neben weniger Geeigneten andere die Ämter bekleideten, die sich auf die Aufgaben besser verstanden. Der Rat hatte, wie gesagt, die Amts- (und Rechnungs-)führung zu beaufsichtigen. Sie wurde in jedem Jahresviertel von neuem überprüft (was zur Absetzung der Amtsträger führen konnte). Am Ende des Jahres mußten die Amtsträger vor dem Rat Rechenschaft ablegen. Übrigens wurden auch die Geschworenen-Richter aus der Gesamtbürgerschaft erlost.

Eine Ausnahme bildeten (außer denen der Schatzmeister) die militärischen Führungsämter, zumal das der zehn Strategen, ursprünglich der Befehlshaber der Phylenregimenter. Jede Phyle hatte einen zu bestellen, und zwar durch Wahl. Hier durfte offenbar kein Beliebiger fungieren. Die Strategen konnten das Amt mehrmals, auch Jahr für Jahr bekleiden. Manche scheinen sich ganz auf die militärischen Funktionen beschränkt zu haben. Doch war das Amt von großem Interesse auch für Männer, welche die Politik der Stadt bestimmen wollten. Denn es war mit ihm das Recht verbunden, im Rat Vorträge zu halten und Anträge zu stellen.

Die Initiative für die Entscheidungen, für die attische Politik und Gesetzgebung also, lag, sofern nicht beim Rat, weithin bei denen, die der Volksversammlung Vorschläge unterbreiteten. Sie werden in der Regel, abgesehen von der Strategie, kein Amt innegehabt haben. Denn jeder konnte das. Man legte Wert darauf, daß jeweils alle Gesichtspunkte, also auch verschiedene Bürger zu Wort kamen. Einen engeren Kreis unter ihnen bildeten diejenigen, die sich immer wieder meldeten, die „Redner". Man konnte sie auch – und ursprünglich wohl ohne negativen Beigeschmack – Demagogen, also Volksführer nennen. Von einem von ihnen hören wir, sie müßten sehr genau bedenken, was sie vorschlügen, weil sie dafür Verantwortung zu tragen hätten.[4]

---

4 Thukydides 3,43,4.

Unter ihnen hinwiederum ragten einige heraus, die für eine gewisse Zeit den wichtigsten Einfluß ausübten. Nicht nur durch Redekunst, sondern unter Umständen auch aufgrund militärischer Erfolge. Berühmtestes, alle andern weit übertreffendes Beispiel dafür war Perikles. Thukydides bemerkt, Athen sei zu seiner großen Zeit „dem Namen nach eine Demokratie, in Wirklichkeit ein Regiment (nämlich der attischen Bürgerschaft) unter dem ersten Mann" gewesen (2,65,9).[5] Das „unter" wird in den Übersetzungen meist ausgelassen, es ist aber sehr wesentlich, da dieses Regiment eben doch – und konsequent – demokratisch organisiert war, wenn das Volk auch in vielem, speziell in der Außenpolitik, zu tun pflegte, was Perikles vorschlug. Es wird das um so bereitwilliger getan haben, je mehr seine Herrschaft respektiert wurde.[6] Perikles hat sich auch keineswegs immer durchsetzen können. Vor ihm hatten Themistokles und Kimon, nach ihm Kleon über einige Zeit hinweg eine führende Stellung in Athen. So scheint es sich immer wieder eingependelt zu haben. Vielleicht bestand gar ein Bedürfnis, jeweils einem herausragenden Politiker über einige Zeit viel Vertrauen zu erweisen. Das hätte auch der Kontinuität der Politik gedient – solange es nicht in Frage gestellt wurde. Alle diese Herren bewegten sich, zumindest zeitweilig, unter mächtigen Rivalen.

Wenn das für wen auch immer belastend wurde, half die eigenartige Institution des Ostrakismos: Einmal im Jahr, an einem bestimmten Termin, wurde die Volksversammlung gefragt, ob sie über einen Ostrakismos abstimmen wollte. Wenn ja, mußten sich zu einem ebenfalls festgesetzten Termin mindestens 6000 Bürger versammeln, um auf Ostraka (Tonscherben) darüber abzustimmen, ob einer von zwei (oder auch drei) Politikern die Stadt für zehn Jahre verlassen müsse. Die Volksversammlung fungierte dabei nicht als Gericht, sie sprach keinen Schuldspruch. Der, den sie außer Landes verwies, erlitt keine direkte Einbuße

---

5 Peter Spahn, "Dem Namen nach eine Demokratie" – was aber „in Wirklichkeit"? (zu Thuk. 2,65,9). In: Gegenwärtige Antike – Antike Gegenwarten. Kolloquium zum 60. Geburtstag von Rolf Rilinger. Hsg. Tassilo Schmitt/ Winfried Schmitz/Aloys Winterling. München 2005. 85 ff.

6 Euripides hat einmal den mythischen König Theseus formulieren lassen, die Polis werde so beschließen, wie er es wolle. Wenn man mit dem Volk berate, neige es einem zu. Er fährt fort: „Ich habe es nämlich zur Alleinherrschaft (monarchia) gebracht, indem ich diese Polis bei gleichem Stimmrecht in Freiheit versetzt habe" (Hiketiden 349 ff.).

an seiner Ehre oder seinem Vermögen. Er hatte nur, auf bloßen Verdacht hin, Athen auf zehn Jahre zu verlassen. Damit er nicht ständig die Politik des (oder der) Zurückbleibenden stören könne. Ursprünglich war die Institution wohl dazu gedacht, Bürger unschädlich zu machen, die eventuell eine Tyrannis hätten begründen können. In Wirklichkeit diente sie auf die Dauer eher dazu, den Zweitmächtigsten außer Landes zu schaffen.

Diese Ordnung, wie sie sich um die Mitte des fünften Jahrhunderts herausgebildet haben muß, lag ersichtlich im Sinne von zumindest vier Tendenzen:

Alle wichtigen Entscheidungen sollten in der Volksversammlung fallen.

Sodann sollte keiner die Gelegenheit haben, durch Gewinnung von Erfahrungen und Beziehungen für sich oder mit Freunden zusammen über das Maß des absolut Unvermeidbaren hinaus Macht in seiner Hand zu konzentrieren. Außer er hätte es über einige Zeit hin als Redner oder Feldherr respektive Flottenführer getan.

Weiterhin sollten möglichst viele Bürger an den Funktionen der Polis, jeweils in raschem Wechsel, teilhaben. Ob und wieweit sie dazu in der Lage waren, wurde nicht untersucht. Die Anmeldung zur Losung von Ratsmännern und Amtsinhabern war freiwillig. Die künftigen Amtsträger wurden nur darauf überprüft, ob sie ihre familiären und Bürgerpflichten erfüllt hatten. Allerdings wurde ihre Amtsführung, wie schon gesagt, von jenen Bürgern, die jeweils im Rat der Fünfhundert saßen, überwacht. Sie hatten gegebenenfalls zurückzutreten.

Schließlich sollte eine relativ weitgehende Konsequenz aus dem Grundsatz der Gleichheit gezogen werden. Aristoteles hat später geschrieben: „Wo alle von Natur gleich sind" (entsprechend dem Anspruch der Demokratie), ist es gerecht, daß alle an den Ämtern teilhaben, „gleichgültig ob nun das Regieren etwas Gutes oder etwas Schlechtes sei". Die der Demokratie eigene Freiheit bestehe darin, daß jeder im Wechsel alle beherrsche und alle jeden.[7]

Wann und wie diese Überzeugungen aufkamen und wie sie sich verbreiteten, wissen wir nicht. Wohl begegnet in den Quellen, seit etwa Anfang des Jahrhunderts, der Begriff der Isonomie, in dem die Forderung auf Gleichheit formuliert ist. Nachdem man zuvor zwischen einer

---

7   Politika. 1261a39 ff. 1317 b2. 19 ff.

guten und einer schlechten Ordnung (Eunomie und Dysnomie) unterschieden hatte; gleichgültig wohl, wie dabei im einzelnen die verschiedenen Elemente miteinander verknüpft waren; bringt Isonomie eine Modifikation im Sinne etwa von „Gleichheitsordnung". Es könnte darin zunächst nur die Gleichheit aller Adligen (gegenüber dem Tyrannen) behauptet gewesen sein. Doch war der Begriff jedenfalls offen für die Gleichheit der Bürger überhaupt, zunächst wohl vor allem derer, die einen eigenen Hof besaßen und sich selbst zum Kampf in der Phalanx ausrüsten konnten, der „Mittleren", wie sie bald genannt wurden; schließlich der Unteren auch. Auf die Dauer figuriert Isonomie als positive Bezeichnung für Demokratie (welcher Begriff nicht so leicht den Beigeschmack der Herrschaft des breiten Volkes loswurde).

Neben Isonomie fungiert auch Isegorie als Bezeichnung demokratischer Verfassung. Sie meinte das gleiche Recht aller Bürger, sich vor der Volksversammlung zu äußern. „Des freien Bürgers Recht auf freie Rede" sollte geradezu ein Kernstück der Demokratie werden.[8] Das deutet darauf, daß manch ein Bürger in vordemokratischer Zeit darunter gelitten hatte, daß ihm dieses Recht – immer wieder einmal oder grundsätzlich – vorenthalten wurde. Mit der Demokratie war es endgültig etabliert.

Die demokratische Ordnung im Athen des fünften Jahrhunderts lief darauf hinaus, daß die souveräne Bürgerschaft „der Idee nach ... eine Substanz" war, „von der jeweils aufs Geratewohl jedes Quantum herausgegriffen dieselbe Beschaffenheit und Mischung aufweist wie das Ganze" (Karl Reinhardt).[9]

Die attische Demokratie war eben nicht nach dem Prinzip der Repräsentation organisiert (das man damals auch gar nicht kannte). Es galt vielmehr das der so konsequent wie möglich hergestellten „abwechselnden Selbstregierung der Bürger" (Finley)[10]. Wie die unmittelbar miteinander das Gemeinwesen ausmachten, so sollten sie, sofern nicht

---

8 Kurt Raaflaubs Aufsatz unter diesem Titel in: W. Eck/H. Galsterer/H. Wolff, Studien zur antiken Sozialgeschichte. Festschrift Vittinghoff. Köln/Wien 1980. 7 ff.
9 Tradition und Geist. Göttingen 1960. 258.
10 Das politische Leben in der antiken Welt. München 1986. 97 mit Verweis auf Max Weber, Wirtschaft und Gesellschaft. 5. Aufl. Tübingen 1985. 666.

als Volksversammlung, im Wechsel über ihre gemeinsamen Angelegenheiten bestimmen; im Rat wie in den Ämtern. Da sollte sich keiner dazwischenschieben. Wenn das Los bei ihnen eine so große Rolle spielte, so nicht nur, um Bestechung und Wahlmanipulation auszuschließen, sondern um jedem Beliebigen die Chance zu geben, im Rat zu sitzen oder Ämter zu bekleiden.

Um es für das damalige Athen noch einmal ganz deutlich zu sagen: Wenn „das Volk" herrschen soll, muß es nicht nur als Versammlung alle wichtigen Entscheidungen treffen, sondern es müssen sich, soweit irgend möglich, die politischen Funktionen auf das ganze Volk verteilen.

Daß in der Volksversammlung jeweils nur kleinere Teile der attischen Bürgerschaft anwesend sein konnten, mag man als problematisch empfinden. Für besonders relevante Beschlüsse – über Bürgerrechtsverleihungen etwa oder den Ostrakismos – war ein Quorum von 6000 festgelegt. Wenn um die Mitte des fünften Jahrhunderts mit etwa 35000 bis 45000 männlichen erwachsenen Bürgern zu rechnen ist; nehmen wir der Einfachheit halber rund 40000 an; so bedeutete das, daß etwa jeder siebte anwesend zu sein hatte. In andern Angelegenheiten – und das konnte bis zu Kriegserklärungen reichen – wird mit geringeren Zahlen zu rechnen sein. Nimmt man, wozu eine gewisse Neigung besteht, Durchschnittsanwesenheiten von 2000 bis 3000 an, wäre es jeder 13. bis 20. gewesen, der normalerweise in der während des fünften Jahrhunderts auf etwa 6000 Plätze angelegten Pnyx zu sitzen kam.

Man sollte damit rechnen, daß die Volksversammlung zumindest innerhalb der Stadt und ihrer näheren Umgebung in weitere Kreise der Bürgerschaft gut eingebettet war. Wenn einer durch seine Geschäfte abgehalten war, mochte der andere Zeit haben. In gewissem Umfang mochten also die mehr oder weniger regelmäßig engagierten Bürger sich abwechseln. Andere gesellten sich dazu, zumal wenn es wichtig war. So käme man vielleicht auf ein Potential von 4000 bis 5000 Bürgern, die in immer andern Teilen zusammenzutreten pflegten. Da von den geschätzten 40000 erwachsenen männlichen Bürgern Athens nur etwa ein Drittel in der Stadt wohnte, also rund 13000, käme ungefähr jeder dritte oder vierte von ihnen als mehr oder weniger regelmäßiger Teilnehmer der Volksversammlung in Frage. Hoch und Niedrig in ungewissem Verhältnis zusammengerechnet. Eine erstaunlich hohe Zahl.

Falls in der Hitze des Gefechts Beschlüsse gefaßt wurden, die bei vielen sowohl unter An- wie möglicherweise unter Abwesenden Empörung auslösten, konnte man den Tagesordnungspunkt in einer anderen Versammlung wieder aufnehmen und – zumeist wohl in etwas anderer Besetzung – neu beschließen.[11] Bei langweiliger Tagesordnung pflegten sich ohnehin nur wenige einzufinden (so daß Amtsdiener mit einem in Mennige getauchten Seil auf die Agora geschickt wurden, um Bürger vor sich her auf den Versammlungsplatz, die Pnyx zu treiben).

Weite Teile der Bürgerschaft, welche auf dem Lande wohnten, hatten dagegen längere Wege zurückzulegen, äußerstenfalls über gut 40 km hinweg, um die Volksversammlung besuchen zu können. Es ist durchaus bezeugt, daß Männer vom Lande bei dieser oder jener Sitzung anwesend waren. Doch können das insgesamt kaum viele aus dem Kreis derer gewesen sein, die immerhin zwei Drittel der Bürgerschaft ausmachten.

Offenkundig aber konnte dies nichts daran ändern, daß als Volk die in der Volksversammlung jeweils Anwesenden figurierten, wie wenige es auch – relativ gesehen – waren. Jeweils wenige mußten also für verhältnismäßig viele respektive alle, also das Volk, stehen oder, genauer gesagt, sitzen. Wie auf andere Weise durch den ständigen Wechsel idealiter alle an der Regierung beteiligt waren. Anders läßt es sich kaum denken. Immerhin waren die ferner Wohnenden im Rat vertreten.

Es ist bei alldem zu berücksichtigen, daß die attischen Bürger, sofern sie politisch agierten, dies vornehmlich als Bürger taten. Häusliche Interessen (etwa der Handwerker, Kaufleute, Bauern) hatten zu Hause oder auf dem Handelsmarkt erledigt zu werden. Abgesehen davon, daß solche Probleme die Geschlossenheit des Volkes – grob gesagt gegen die Adligen – hätten gefährden können, gab es wohl auch keine speziellen Bedürfnisse bestimmter Berufsgruppen nach politischer Förderung. (Und ohnehin keine Obrigkeit, die sich hätte bemüßigt sehen können, sich im eigenen oder allgemeinen Interesse der Sorgen ihrer Untertanen anzunehmen). Es hätte der starken Tendenz zur Eigenständigkeit der Bürger widersprochen. Das Bürgersein – die Gleichheit mit den Adligen, denen, die seit je die Öffentlichkeit der Polis dominiert

---

11 Auch wenn an sich Gesetze dem im Weg gewesen zu sein scheinen (Thukydides 6,14,1). Es kam also auf die Klugheit und den Schneid der Prytanen (oder des einen von ihnen, der die Versammlung zu leiten hatte) vieles an.

hatten – könnte auch so bedeutsam, so maßgebend gewesen sein, daß Privatinteressen dagegen nicht aufkamen[12]. Die Polis war kein Staat, die Bürgerschaft keine Gesellschaft, Polis und (Aktiv)Bürgerschaft eins (so sehr, daß Aristoteles Erwägungen darüber anstellt, ob im Fall eines Verfassungswechsels diejenigen, die neuerdings die (Aktiv-)Bürgerschaft stellten, für die von den vollberechtigten Bürgern der vorangegangenen Ordnung eingegangenen Verpflichtungen aufzukommen hätten [Politika 1276a 7 ff.]).

Die Gegenstände der Politik hielten sich insofern in engen Grenzen. Es gab wenig Wandel, der eine Strukturpolitik notwendig gemacht hätte. Die Unterschiede zwischen den Geschlechtern, zwischen Freien und Sklaven sowie zwischen Bürgern und (auch längerfristig in Attika wohnhaften) Nichtbürgern waren und blieben selbstverständlich. Auch gab es keinen Gedanken etwa an Regulierungen, wie sie im Mittelalter von Innungen angestrebt werden konnten, an Alters- oder Krankenversicherung, an ein Schulwesen oder an Festlegungen von Arbeitszeiten, Mindestlöhnen etc. Allenfalls konnte in Notsituationen dafür gesorgt werden, daß die Bürger genügend Geld bekamen, um sich über Wasser halten zu können. Und man mußte für ausreichende Versorgung der Stadt mit Getreide Vorkehrungen treffen. Es wurden ja auch keine Einkommens- oder Umsatzsteuern bezahlt. Allenfalls mußte man – im Krieg – Umlagen veranstalten, aber bei den Wohlhabenden. Wir kennen nur eine einzige gesetzliche Bestimmung, welche besondere Interessen eines bestimmten Teils der Bürgerschaft betraf, und zwar um sie unwirksam zu machen: Aristoteles berichtet, daß in einigen Gemeinwesen das Gesetz bestand, die den Nachbarn zunächst Wohnenden dürften nicht an Abstimmungen über einen Krieg gegen sie teilnehmen (da sie „wegen der Bindung an das Eigene" keinen guten Ratschlag geben könnten).[13]

Vielleicht sollte man, um deutlich zu machen, wie stark die Bürger an den Funktionen der Demokratie beteiligt waren, noch einige Zahlen anführen. Wenn 500 Ratsmänner auf 40000 Bürger kamen, so war das einer auf 80. Im Lauf einer Generation von 30 Jahren müssen es 15000 gewesen sein, die als Ratsmänner erlost wurden. Nimmt man an, jeder

---

12   Ch. Meier/P. Veyne, Kannten die Griechen die Demokratie? 3. Aufl. Stuttgart 2015. 63 ff.
13   Politika. 1330a 20.

von denen wäre zweimal im Leben Ratsmann geworden, so käme man auf 7500. Rechnet man, wie es wohl realistisch wäre, mit etwa 10000, bei denen das der Fall gewesen wäre, so hätte von 40000 Bürgern im Schnitt jeder vierte ein- oder zweimal ein Jahr lang im Rat gesessen. Und er hätte dafür viel Zeit und Kraft aufgewandt. Vermutlich wird es nicht immer und überall leicht gewesen sein, Kandidaten für die Teilnahme an der Losung zu finden. Dazu kamen Hunderte von Amtsinhabern. Und die Ämter durften ja außer der Strategie nur einmal bekleidet werden. Insgesamt also kommt man auf eine geradezu unwahrscheinlich hohe Zahl an Bürgern, gerade auch aus der Mittel- und Unterschicht, die sich aktiv an den politischen Funktionen beteiligt haben müssen.

Bei all dem ist noch nicht berücksichtigt, daß sehr viele Bürger, die mindestens 30 Jahre alt waren, im damaligen Athen auch als Geschworene in den Gerichten zu fungieren hatten. 6000 von ihnen wurden Jahr für Jahr ausgelost, aus denen sodann die Richter für die einzelnen Prozesse wiederum durch das Los bestimmt wurden, in der Regel mehrere hundert. Auch die Gerichte sollten einen beliebigen Querschnitt durch die Bürgerschaft darstellen. Die Geschworenen erhielten Diäten, vielfach waren es Ältere, die diesen Dienst leisteten. Sie konnten auf diese Weise ihren Unterhalt aufbessern. Übrigens wurden vor attischen Geschworenengerichten auch zahlreiche Angelegenheiten der Seebundstädte verhandelt. Und man klagte darüber, daß sie ziemlich überlastet seien.

Man wüßte gern Genaueres darüber, von welcher Seite und aus welchen Gründen im fünften Jahrhundert darauf gedrängt wurde, die Demokratie derart konsequent auszubauen. Ganz abgesehen davon, daß nicht überliefert ist, wann und in welchen Schritten das erfolgte: Haben hier vor allem Männer wie Perikles daran gearbeitet, breite Schichten des Volkes immer stärker politisch zu mobilisieren und auf ihre Seite zu ziehen, weil sie etwa gegen Adlige, die eine andere Politik wollten, sonst nicht aufgekommen wären (oder ihre führende Stellung verloren hätten)?[14] Oder drückten breitere Kreise der Bürgerschaft, zumal angesichts ihrer so stark gewachsenen militärischen Bedeutung, mehr oder weniger von sich aus darauf, daß möglichst vielen von ihnen der Zugang zu den Ämtern geöffnet, daß vielleicht erst damals eingeführt wurde, daß man nur zweimal im Leben Ratsmann werden konnte? Um nach Möglichkeit teilzuhaben an dem, was herkömmlich den Adligen reserviert war, außer an den öffentlichen Funktionen (und den Ehren) etwa an Übungsplätzen für Sport, Wettkämpfe, wofür damals öffentliche Gymnasien, übrigens auch Badehäuser errichtet wurden? Außerdem wurden neue Feste eingerichtet und alte erweitert. Aber vielleicht sollten die Angehörigen der breiteren Schichten eben auch in gewissem Maße sich identifizieren mit der feinen Kultur der Adligen, wie sie sich etwa im Fries des Parthenon präsentiert; wo in der Darstellung der Prozession der Bürgerschaft auf die Akropolis während des Panathenäenfests nur adlige Reiter figurieren.

Doch jedenfalls – auch wenn es vor allem die Führenden waren, die das Volk gegen das Gros des Adels stark machen wollten – muß man damit gerechnet haben, daß in diesem Volk das Begehren nach Teilhabe an der Polis sehr groß war, groß genug, daß genügend viele der uns unbekannten Athener die neuen Möglichkeiten auch mehr oder weniger gern wahrnahmen.

***

Wie aber konnte eine so bis in die äußersten Konsequenzen getriebene Demokratie all den Notwendigkeiten, all den Aufgaben genügen, die sich Athen während des fünften Jahrhunderts stellten? Wie konnte das gut gehen? Wie konnte dies alles funktionieren? In einer mächtigen Stadt, die ziemlich Hals über Kopf aus der Reihe der vielen Griechenpoleis heraustrat, zur Vorkämpferin gegen die Perser wurde, bald über mehr als 150 Städte gebot, mithin eine Position erlangte, wie es sie unter den Griechen noch nie gegeben hatte (und künftig nie wieder geben sollte)? Immer neu herausgefordert zu Kriegen, die weitgehend von den

---

14 Plutarch behauptet das für Perikles während der 40er Jahre (Perikles 11): Schauspiele, öffentliche Bewirtungen, Aufzüge seien veranstaltet (oder eingerichtet?) worden. Belustigungen samt regelmäßigen Fahrten einer Flotte von sechzig Schiffen, auf denen viele Bürger Sold verdienen konnten.

Bürgern, oft unter hohen Verlusten, zu führen waren. Auch zu Strafaktionen gegen abgefallene Bundesgenossen.

Wie konnten tausende von Bürgern, vielfach Kleinbürgern, die Politik, die Geschäfte, auch die Ordnung dieser Stadt besorgen? Gute Entscheidungen vorbereiten und fällen? Auch die dabei doch wohl zwangsläufig aufkommenden Konflikte durchstehen? Was befähigte sie, die Lasten der Verantwortung zu tragen? Woher hatten sie die Kenntnisse, den Sachverstand, die Urteilskraft, auch das Durchhaltevermögen dazu?

Und wie kam es überhaupt dazu, daß ein relativ recht großer Teil der attischen Bürgerschaft immer wieder einmal oder gar regelmäßig bereit war, einen nicht geringen Teil ihrer Zeit und Kraft der Politik zu widmen? Mehr oder weniger doch unter Vernachlässigung eigener Geschäfte, ihrer Häuser (also auch Familien), Höfe, Werkstätten und Verkaufsstände. Wie gar konnten sie sich das leisten?

Ganz abgesehen davon, daß sie große Veränderungen nicht nur heraufführten, sondern auch selbst durchmachten, unter anderm durch einen Generationenwechsel völlig neuen Ausmaßes. Wo die Älteren noch ganz in den begrenzten, herkömmlichen Verhältnissen der vorangegangenen Zeit aufgewachsen waren, dann mit großer Not die Perser geschlagen hatten, um anschließend die Macht der Stadt zu begründen, wuchsen die Jüngeren in die neue Großmacht Athen hinein, begannen, sie für selbstverständlich zu halten, sollten die Welt also bald mit ganz neuen Augen sehen, unter neuen Voraussetzungen, Fragen und von ungeahnten Möglichkeiten her. Was schließlich auch vielerlei Probleme mit sich bringen konnte. Xenophon spricht geradezu von der „Verachtung der Älteren, die schon bei den Vätern den Anfang machte" (Memorabilien 3,5,15). Vor allem mußte man doch wohl die unter den eigenen Händen sich so sehr verändernde Lage mit all dem zusammenzudenken versuchen, was man für die Einrichtung der Welt, für das Rechte, das Mögliche, für den Willen (vielleicht auch die Tücke) der Götter zu halten gelernt hatte, teilweise wohl auch weiterhin gewohnt war.

Zu fragen ist also nach tausenden und abertausenden von unbekannten Athenern, die wir – im Unterschied zu wenigen anderen, von Themistokles und Perikles über die Tragiker bis zu Phidias, Thukydides und Sokrates – nicht kennen. Daher also, in Analogie zu den unbekannten Soldaten: unbekannte Athener. Es sind Adlige sowohl wie die allmählich aufsteigenden neureichen Geschäftsleute, Bauern, Handwerker, Kaufleute vom Markt, Tagelöhner, kurz: all die, welche damals die attische Bürgerschaft ausmachten. Weitaus die meisten von ihnen waren ohne Schulbildung aufgewachsen; abgesehen davon, daß sie lesen, schreiben, rechnen gelernt haben werden. Allerdings waren sie ja bald in der Ägäis weit herumgekommen, hatten vieles kennen, vielleicht auch einzuschätzen gelernt.

Das aber kann, für sich genommen, kaum gereicht haben, um diese Männer instandzusetzen, die Stadt und ihre Herrschaft in den verschiedenen Funktionen zu regieren. Aber sie *mußten* sie regieren, in Volksversammlung, Rat und Ämtern, *mußten* sich kundig machen, sich Urteile bilden und immer wieder Entscheidungen treffen.

Die Frage nach den unbekannten Athenern unterscheidet sich von Bert Brechts berühmten Fragen eines lesenden Arbeiters aus den Kalendergeschichten, etwa:
    Wer baute das siebentorige Theben?
    In den Büchern stehen die Namen von Königen.
    Hatten die Könige die Felsbrocken herbeigeschleppt?
    Oder:
Der junge Alexander eroberte Indien.
        Er allein?
    Da ging es um Arbeiter und Soldaten oder um die Matrosen Philipps II., Männer also, welche zu tun hatten, was ihnen befohlen war. Hier dagegen soll das herrschende Volk der attischen Demokratie zum Thema werden.

***

Über das Wirken der vielen Amtsträger – außer den Strategen – besitzen wir keine verwertbaren direkten Aussagen. Auch das des Rats der Fünfhundert bleibt für uns ganz im Dunkeln, so wichtig er für die attische Politik gewesen ist.[15] Einzig über die Volksversammlung respektive das Volk im ganzen sind einige Aussagen auf uns gekommen.

---

15 Eine Übersicht über die Gegenstände seiner Verhandlungen gibt Pseudo-Xenophon, Athenaion Politeia 3,2.

Allem Anschein nach war es in der Form der Volksversammlung, daß der Maler Parrhasios, wie bezeugt, das attische Volk damals auf einem Gemälde darstellte.[16] Auf ingeniöse Weise, nämlich *varius*, also mannigfaltig: zornig, ungerecht, wankelmütig, zugleich aber auch nachsichtig, milde, mitleidig, ebenso ... prahlerisch (*gloriosus*), erhaben, kleinmütig, unbändig (*ferox*), sich davonmachend (*fugax*) und dies alles zugleich.

Das breite Volk respektive die Summe seiner Mitglieder begegnet hier also in lauter verschiedenen Neigungen, Stimmungen, Gemütszuständen, Temperamenten; jeweils, so sollte man annehmen, unterschiedlich nach Gesichtsausdruck und Körperhaltung. Vermutlich sind alle Varianten nebeneinander wiedergegeben, die in Wirklichkeit wohl eher nacheinander (wenn auch vielleicht in unterschiedlichen Mischungen) vorkamen. Keiner aber – wenn unser Gewährsmann, der alte Plinius (oder dessen Gewährsmann) es richtig wahrgenommen hat – scheint nachdenklich, bedächtig, wissend oder klug dreingeschaut zu haben. Es sei denn, die Nennung solcher Haltungen sei in einer Lücke, die der Text aufzuweisen scheint, enthalten gewesen; was aber kaum wahrscheinlich ist.

In einer Reihe weiterer schriftlich überlieferter Äußerungen über das attische Volk, insbesondere dessen breite Schichten, finden sich sodann explizite Zweifel an dessen politischer Kapazität. Wie es ja überhaupt vielerlei Kritik an griechischen Volksversammlungen gab. Schon bei Homer treffen wir sie an. Pindar spricht vom „ungestümen Volk", das hier oder dort herrsche. Er denkt dabei an die Mittelschicht, die Hopliten.[17]

Herodot läßt in seiner Verfassungsdebatte (3,81), freilich nicht speziell für Athen, den Verfechter der Oligarchie behaupten, es gebe nichts Unverständigeres und Stolz/Borniertes als das törichte Volk. Er läßt ihn von der Hybris des Volkes sprechen. Woher auch, heißt es, solle der etwas erkennen, dem nichts gelehrt worden sei und der von Haus aus nicht wisse, was gut und recht ist. Ohne Verstand stürzen sich solche

---

16 Plinius, naturalis historia 35,69. Man kann sich kaum vorstellen, wie diese Vielfalt ins Bild gebracht wurde. Aber was wissen wir schon darüber, was damals alles möglich war?

17 Ilias 2,84 ff. 143 ff. 208. Odyssee 24,463 ff. Solon, Frg. 11 (mit H. Fränkel, Dichtung und Philosophie des frühen Griechentums. München 1962. 262). Pindar, Pythien 2,87.

Leute auf die Geschäfte, einem reißenden Bergstrom gleich. Nichtswürdigkeit kennzeichne die Herrschaft des Demos. Übrigens hatte der Verfechter der Demokratie zu deren Lob nur auf deren Institutionen hingewiesen (Besetzung der Ämter durch das Los, Rechenschaftspflicht der Amtsträger, Entscheidung über alle wichtigen Fragen durch die Gesamtheit). In der Mehrheit sei das Ganze drin. Über die politischen Fähigkeiten des Volkes sagt er nichts.

Und weiter: Nach Xenophon soll Sokrates jungen Adligen, welche sich scheuten, vor der Volksversammlung zu reden, Mut zugesprochen haben. Seien es doch nur Walker, Schuster, Zimmermänner, Schneider, Bauern, Kaufleute, Krämer vom Markt, kurz kleine Leute, die von nichts eine Ahnung haben (Memorabilien 3,7,5 f., auch Aelian 2,1). Es seien zugleich die, die jeden Beliebigen in den großen Fragen der Politik sich äußern ließen.

Ein bemerkenswertes Bild begegnet uns in Aristophanes' Komödie „Die Ritter" (424 v. Chr.). Dort tritt uns das Volk personifiziert entgegen – als vertrottelter Greis, Herr Demos, der sich von einem Sklaven beherrschen läßt. Gemeint ist der damals mächtigste Demagoge, Kleon. Zwei andere Sklaven (auch hier sind zwei damals prominente, aber von Kleon in den Hintergrund gedrängte Persönlichkeiten zu identifizieren) wollen dem ein Ende setzen, indem sie einen Rivalen gegen ihn aufbauen. Sie suchen sich dazu einen Wurstverkäufer aus, welcher zwar meint, dessen nicht würdig zu sein, doch weisen sie das zurück. Im Gegenteil, er sei genau der rechte. Weil er gemein ist, frech und pöbelhaft. Schließlich müsse er mit dem andern, mit Kleon mithalten. Führung des Volkes sei kein Ding für Leute von Charakter und Erziehung (191 f.). Niederträchtig, ungebildet müsse der sein, der Herrn Demos leiten könne. Der Alte, heißt es (752), zu Haus sei er ein ganz vernünftiger Mann, doch sitze er auf der Steinbank – also mit den andern zusammen in der Pnyx –, „sperrt das Maul er auf wie Jungen, die nach Feigen schnappen". Dies letztere soll sich auf ein Spiel beziehen, in dem man Feigen in die Luft wirft, die dann mit dem Mund aufgefangen werden müssen. Ein merkwürdiger Vergleich! Denn wo die Jungen höchst gespannt bei der Sache sein müssen, läßt Herr Demos doch wohl seinen Mund offen, weil er wenig oder nichts begreift, falls er nicht überhaupt gähnt. Offenstehen des Mundes kennzeichnet auch sonst bei Aristophanes Teilnehmer der Volksversammlung.[18]

So wird Herrn Demos denn auch nachgesagt: „Leicht läßt du dich von Schmeichlern betören, die voller Ränke dich am Narrenseil führen; denn schwatzt dir einer etwas vor, sperrst Mund und Nase du auf" (1115 f.). Das Volk habe es geliebt, so heißt es verschiedentlich, sich nach dem Munde reden zu lassen: „Daß ihr ködern euch laßt durch schmeichelhafte Worte, mit offenen Mündern horchend". Die Sache hat zwei Seiten. Einerseits können Politiker das Volk dadurch veranlassen, alles Mögliche zu beschließen, was zu ihrem eigenen Vorteil, aber nicht unbedingt auch zu dem der Stadt (und des Volkes) ist. „Von schlechten Führern, seh' ich, läßt das Volk sich leiten."[19]

Andererseits scheint das Volk auch seinen eigenen Willen gehabt zu haben. Thukydides attestiert Perikles, er habe es mehr geführt, als daß er sich von ihm hätte führen lassen, in irgendwelche Richtungen, in die Mehrheiten im Volk gerade tendierten, etwa aus Einsicht, Ehrgeiz, Wut, Machtgier oder aus Bequemlichkeit, habe es das Volk doch nicht geliebt, schlechte Nachrichten dargeboten zu bekommen.[20] Perikles dagegen habe ihm nicht zu Gefallen geredet. Da mußte, wie man sieht, gekämpft werden. Das Ergebnis nennt Thukydides mit den Worten: „In aller Freiheit hielt Perikles das Volk im Zaum" (2,65,8). Wenn wirklich Not am Mann gewesen sei, sei es aber, und zwar regelmäßig, bereit gewesen, sich diszipliniert einzusetzen.[21]

Außerdem gerate das Volk leicht in Zorn und dann wieder sei es niedergeschlagen; mutlos. So bezeugt Thukydides für Perikles gleich anschließend, er habe ihm, wenn es übermütig aufbrauste, Zügel angelegt, wenn es mutlos gewesen wäre, es wieder aufgerichtet (2,65,9). Übrigens wird die gleiche Fähigkeit einem Intellektuellen wie Thrasymachos nachgesagt (Platon, Phaidros 267c).

---

18 Aristophanes, Acharner 635. Ritter 1115 f.
19 Aristophanes, Ritter 1340 ff. Ekklesiazusen 176 ff. Thukydides 2,65,10. Euripides, Hiketiden 412 ff. Platon, Gorgias 502e.
20 Als das attische Aufgebot in Sizilien in eine nahezu verzweifelte Lage geraten ist, hält Nikias dem Volk in einem offiziellen Bericht vor, daß es unangenehme Nachrichten nicht hören möge (Thukydides 7,14. Vgl. 7,8,1). Man hat dann aber doch noch Verstärkungen geschickt, nur hat es am Ende nichts mehr geholfen.
21 Thukydides 8,1,4.

Euripides läßt einen Herold in Athen die eigene monarchisch regierte Stadt der attischen Demokratie entgegensetzen. Durch Reden blähe die Menge keiner auf und lenke sie hier- und dorthin, gerade wie es zu seinem Vorteil sei. „Wie vor allem vermöchte ein Volk seine Polis recht zu lenken, wenn es nicht die Reden recht beurteilt? Die Zeit ja, nicht die Eile gibt den besten Rat", die besten Lehren. Danach mag das Volk so viele Kenntnisse haben, wie es will: Die einfache Tatsache, daß es in der Volksversammlung nicht genügend Zeit gibt, die Dinge durch und durch zu diskutieren und zu bedenken, hindere es daran, zu den rechten, zu den geraden Beschlüssen zu gelangen. „Nie vermag der arme Landmann, und wär er kundig auch – sein mühsames Geschäft verwehrt's ihm – das Gemeinwohl in acht zu nehmen. So ist es schmerzlich kränkend für die Edleren, wenn durch der Zunge Schmeichellaut ein schlechter Mann, der nichts zuvor gewesen ist, Macht im Volk erlangt" (Hiketiden 412 ff.).

Ein weiterer Vorwurf, der in unseren Quellen verschiedentlich begegnet, zielt auf die „Wankelmütigkeit" des attischen Demos. Man bestraft Perikles, aber gleich darauf wählt man ihn wieder zum Strategen. Dazu paßt, daß das Volk erst gegen Perikles' Baupolitik, dann dafür ist. Ebenso stimmt es, in der unmittelbaren Vorgeschichte des Peloponnesischen Kriegs, erst gegen ein Bündnis mit Kerkyra, anschließend dafür.[22] Einen besonderen Fall stellen die Abstimmungen über die Bestrafung der Männer von Mytilene wegen ihres Abfalls von Athen im Jahre 427 dar. Thukydides hat es genau geschildert (3,36 ff.). Man beschließt zunächst, alle Mytilener seien hinzurichten. Noch am gleichen Tag regen sich hier und dort Bedenken. Eine neue Verhandlung und Abstimmung wird beantragt und bewilligt. Am Ende gewinnen die Gegner des Beschlusses die Oberhand: Mit knapper Mehrheit befindet die Volksversammlung, daß nur die Angehörigen der Oberschicht, der Kreis, zu dem die eigentlich Schuldigen gehören, mit dem Tode büßen sollten. Es könnten also relativ wenige gewesen sein, die umdachten; eine Reihe von Männern immerhin, die sich ihre eigenen Gedanken gemacht haben

---

22 Thukydides 2,65,1.8 – Plutarch, Perikles 14 – Thukydides 1,44,1. Auch: 2,59 ff. 3,36,5 – Aristophanes, Ekklesiazusen 797 f. – Aus Thukydides 6,14,1 ergibt sich, daß die Wiederaufnahme einer Sache, über die schon ein Beschluß gefaßt worden ist, an sich gesetzeswidrig war.

müssen. Manch einer wohl auch, der durch das Ergebnis der ersten Abstimmung (bei der er gefehlt hatte) aufgeschreckt wurde. Übrigens wissen wir bei fast keinem Volksbeschluß, mit welcher Mehrheit er gefaßt worden ist. Vielleicht haben öfter die Meinungen pro und contra zu mehr oder weniger gleichen Teilen gegeneinandergestanden.

Ein ganz anderes Zeugnis stellt der Verfasser eines kleinen Pamphlets wohl aus den 20er Jahren des fünften Jahrhunderts nicht direkt der Volksversammlung, aber dem Volk und der Demokratie in Athen aus. Es ist uns unter dem Namen Xenophons überliefert, kann aber nicht von Xenophon selber sein. Der sogenannte Pseudo-Xenophon scheint aus der oberen Schicht, dem Adel, zu stammen. Er ist jedenfalls ein Gegner der Demokratie wie nicht wenige der hohen Herren. Aber er will denen zeigen, daß sie das Volk und die Demokratie falsch einschätzen. Dazu führt er den Nachweis, daß die attische Demokratie (samt ihrer Herrschaft über den Seebund) zwar das Gegenteil einer nach alter, herkömmlicher Auffassung rechten Verfassung, aber gemessen an den Interessen des Volkes durchaus klug und konsequent eingerichtet sei. Das Volk mag ungebildet im Sinne des adligen Comments sein, aber dumm ist es nicht. Es will ja nicht adligen Anschauungen und Idealen gemäß leben, den Adligen also die Führung überlassen, sondern es will selber herrschen und seine Herrschaft genießen. Und das tut es konsequent. Wer ungebildet und ordinär ist, aber dem Volk wohlgesonnen, ist ihm wesentlich lieber als der Mann von großer Art, von Weisheit, der aber nicht in seinem Sinne denkt (1,7).

Einiges Gewicht mag auch drei Aussagen zukommen, deren eine Thukydides einer korinthischen Gesandtschaft in Sparta, deren andere er Perikles in den Mund legt. Beide verfolgen natürlich bestimmte Absichten. Gleichwohl ist, was sie behaupten, vermutlich nicht ganz falsch (oder gar aus der Luft gegriffen).

Den Korinthern geht es darum, die Spartaner anzustacheln, es endlich mit den Athenern aufzunehmen. Wager (*tolmētaí*) seien die über ihre Macht hinaus, Gefahrläufer (*kindyneutaí*) wider die Vernunft (*gnōmē*), noch in Nöten voller Hoffnung. „Ihre Leiber setzen sie ein für die Polis, als wenn sie überhaupt nicht die ihren wären, ihre *gnōmē* aber (also Einsicht und Entschlußkraft) als ihren persönlichsten Beitrag, um etwas für sie zu tun".²³ Zweimal erscheint hier *gnōmē,* einmal als die Einsicht und Entschlußkraft, die die vielen einzelnen Athener immer wieder aufweisen, jeder für sich, aus eigenem Antrieb, in eigenem Engagement, weil es ihm wichtig ist mitzudenken und -zuurteilen (während er in Reih und Glied keine Rücksicht auf sein Leben nimmt). Das intensive Engagement in Einsicht und Entschlußkraft trägt offenbar vieles zur bedrohlichen Macht der Athener bei. Es zeichnet sie aus. Es gehörte zu ihren Stärken. Das andere Mal ist *gnōmē* jene Vernunft, die den Athenern insgesamt an sich hätte raten sollen, vorsichtiger zu sein, weniger also zu riskieren, deren Mißachtung ihnen aber viele Erfolge verschaffte. Bei aller harschen Kritik der Korinther am Machtstreben der Athener scheint darin eine gewisse Faszination zum Ausdruck zu kommen. Sollte in ihren Worten nicht zumindest der Eifer richtig bezeugt sein, mit dem recht viele Athener bei der politischen Sache waren – und zugleich einigen Verstand bewiesen; neben allem Wagemut?

Die dem Perikles zugeschriebene Äußerung findet sich in der berühmten Rede, die Thukydides ihn auf die Gefallenen des Jahres 431 halten läßt: „In der Hand derselben Männer liegt bei uns die Sorge für das Leben in den einzelnen Häusern wie für das der Polis insgesamt; privat mit den verschiedensten Tätigkeiten beschäftigt, vermögen wir zugleich, in hinlänglicher Weise denkend die politischen Dinge zu erfassen. Denn wir sind die einzigen, die den, der gar nicht an diesen Dingen teilnimmt, nicht für einen ruhigen Bürger, sondern für einen unnützen ansehen" (2,40,2). Welcher Druck von solchen gegenseitig aneinander gerichteten Erwartungen ausgehen konnte, muß man damals in der Tat gewußt haben. Wir können es dem Mythos entnehmen, den Protagoras bei Platon entwickelt: Wenn in einer Polis das Flötenspiel besonders hochgeschätzt würde, heißt es dort[24], würde jeder Bürger darauf sehen, daß seine Kinder gut auf der Flöte seien. Entsprechendes gelte für die gegenseitigen Erwartungen auf Einhaltung der Tugenden des geordneten Zusammenlebens. Mit dem politischen Engagement samt

---

23 Thukydides 1,70. Vgl. dazu Nikias' fast zaghaften Einwand: „Wiewohl ich glaube, daß der ein geradeso guter Bürger sein kann, der auch in gewissem Maße an sein eigenes Leben und seine Habe denkt"; ein solcher wird nämlich am ehesten wünschen, daß auch die Polis um seinetwillen wohlfährt (Thukydides 6,9,2).
24 Platon, Protagoras 327 a/b/c. Vgl. Apologie 24 d ff.

der Entfaltung der dazu notwendigen Fähigkeiten muß es sich nach Perikles doch wohl ähnlich verhalten haben. Schwer vorzustellen, daß daraus nicht einige Fähigkeit erwachsen wäre, die politischen Dinge „denkend zu erfassen".

„Ebenso ist es unsere Art", heißt es weiter, „daß wir die Aufgaben (der Polis) recht beurteilen oder wenigstens recht bedenken – indem wir meinen, daß das Bedenken und Reden dem Handeln keinen Schaden zufügt, daß Schaden vielmehr entsteht, wenn man nicht vorher alles genau prüft, ehe man das Notwendige anpackt". Hier also wird den Athenern Urteilskraft attestiert, hier sind die Reden Voraussetzungen rechten Bedenkens (und nicht einfach Mittel, das Volk zu betören). Anscheinend fühlte man sich unsicher, wenn nicht verschiedenste Argumente und Gesichtspunkte offen vorgetragen worden waren. In der Regel müßte das ein Klima der Offenheit bereitet haben.

„Denn im besonderen Maße", so fährt er fort, „besitzen wir auch die Eigenschaft, daß wir das Äußerste wagen und zugleich gründlich durchdenken, was wir angreifen wollen. Den andern pflegt eine unbewußte Dumpfheit Kühnheit, vernünftige Erwägung aber furchtsames Zaudern zu bringen. Für die stärksten Herzen aber dürfen mit Recht diejenigen angesehen werden, die das Schreckliche und das Angenehme deutlich erkennen und deswegen (oder trotzdem) den Gefahren nicht ausweichen". Ratio und Risiko gehen hier eine höchst aparte, aber anscheinend (oder angeblich?) im Athen des fünften Jahrhunderts wohl realisierte Verbindung ein.

Der gleiche Perikles meinte allerdings, laut Thukydides (1,144,1), was er vor allem befürchte, seien die eigenen, also die athenischen, falschen Entscheidungen (vor denen er sie offenbar auch nicht schützen konnte).

Das Ideal der Demokratie findet sich in einer Rede, die Thukydides einem syrakusanischen Politiker in den Mund legt: Demokratie sei Sache der Gesamtheit (im Unterschied zur Oligarchie): „Die Reichen wüßten am besten mit Geld umzugehen, die Verständigen könnten am besten Rat geben. Zu urteilen aber sei am besten geeignet „die Menge, wenn sie zugehört hat" (6,39,1). Im vierten Jahrhundert hat Aristoteles, kein Freund der Demokratie, die sogenannte Summationstheorie formuliert. Sie besagt, daß in einer größeren Menge jeder Einzelne nicht besonders klug sein mag, daß sich darin aber die kleinen Klugheiten zu einer großen summieren können. Das sei, wie wenn viele zu einer Mahlzeit beitrügen. Ähnlich stünde es auch bei der Beurteilung literarischer Werke. Und nicht zuletzt: Einzelne mögen etwa zornig sein, in der Gesamtversammlung aber hebe sich das auf.[25]

***

Soweit etwa der Befund, der sich aus mehr oder weniger direkten Aussagen unserer Quellen ergibt. Die Urteile driften weit auseinander. Es fragt sich, wie es in Wirklichkeit um die unbekannten Athener bestellt war.

Insgesamt wird man damit zu rechnen haben, daß manche Kritik an diesen Männern, was deren Gros angeht, also die „kleinen Leute", stark übertrieben ist. Althergebrachte Auffassungen von der Überlegenheit der Adligen über das niedere Volk müssen in Athen wie im übrigen Griechenland noch so weit verbreitet und so gut in vielerlei Meinungen eingebettet gewesen sein, daß viele kaum bereit und in der Lage gewesen sein können, dem breiten Volk die Fähigkeit zuzubilligen, die Stadt und ihren Herrschaftsbereich zu regieren.

Pseudo-Xenophon zeigt sehr schön, wie völlig eingespannt in ihre adligen Vorurteile viele Angehörige der Oberschicht gewesen sein müssen. Es wird sie wirklich, wie es bei Euripides hieß, gekränkt haben, zu sehen, wie „ein schlechter Mann, der nichts zuvor gewesen, Macht im Volk erringt" (Hiketiden 423 ff.).

So nahmen sie, nahm vielleicht auch Thukydides gern jede Gelegenheit wahr, Schwächen der Demokratie schwärzer zu zeichnen, als sie in Wirklichkeit waren. Wenn der frisch zur Herrschaft gelangte Aigisth in Aischylos' Agamemnon plötzlich aus dem Zusammenhang des mythischen Argos ausbricht, um den „Mann von der unteren Ruderbank" zusammenzustauchen (1617 f.), könnte das direkt aus der damaligen Auseinandersetzung in Athen entnommen gewesen sein. Vielleicht darf man hier auch die kaum begreiflichen Einwände anfügen, die Xenophon, Platon und Aristoteles später gegen die charakterliche

---

25 Politika 1281a 39 ff. 1283b 32. 1286a 29 ff.

Eignung von Handwerkern und Künstlern vorbringen[26] und die durchaus schon älteren Datums gewesen sein könnten.

Gewiß, das Gros der Teilnehmer an der Volksversammlung wird wenig „gebildet" gewesen sein. Aber soll man wirklich annehmen, daß diese Männer sich deswegen in der Politik nicht ausgekannt hätten und immer wieder zu unklugen, unsinnigen Beschlüssen gelangt wären, wenn nicht Männer wie Perikles sie eines Besseren belehrt hätten? Sollte man es nicht eher mit Pseudo-Xenophon halten, der begründet vorträgt, daß die breite Bürgerschaft sehr wohl wußte, was sie wollte, und Verstand genug hatte, dies auch zu beschließen; daß das nur eben nicht im Sinne der vornehmen Herren gewesen sei? Womit ja nicht ausgeschlossen ist, daß immer einmal wieder über schwierige Entscheidungen heftig gestritten wurde (und falsche getroffen wurden), daß Rat- (und Mut-)losigkeit um sich greifen konnten und Perikles Gelegenheit bekam, seine überragenden Fähigkeiten einzusetzen.

Parrhasios mag von seinem Auftraggeber – oder aus Eigenem – entsprechend dieser Vorurteile voreingenommen gewesen sein.

Auch hat die Behauptung, nur kleine Leute hätten die Volksversammlung besucht, nicht gerade die Wahrscheinlichkeit für sich. Gewiß, manche Adlige zogen sich damals verärgert aus der Öffentlichkeit zurück.[27] Doch geht es kaum an, damit für das Gros der Herren zu rechnen. Immer wieder müssen Fragen auf der Tagesordnung gestanden haben, die mehrere Adlige unmittelbar betrafen, etwa als Gastfreunde bei Verhandlungen über andere Städte. Bei allen Tagesordnungspunkten, die den Einsatz der Flotte betrafen, waren sie als Ausstatter und Kommandanten der Triëren engagiert.

Dafür, wie weitgehend Adlige samt andern, welche ihnen anhingen oder für ihre Argumente zugänglich waren, zumindest zeitweise an Volksversammlungen teilnahmen, ja dort etwas vermochten, spricht die Macht, die Thukydides, der Sohn des Melesias, dort bis gegen 443 als Vorkämpfer der Adligen, als Gegenspieler des Perikles ausübte. Als er schließlich Perikles im Ostrakismos unterlag, war in Komödien davon

---

26 Ch. Meier, Griechische Arbeitsauffassungen in archaischer und klassischer Zeit. Praxis. Ideologie. Philosophie. Weiterer Zusammenhang. In: M. Bierwisch, Die Rolle der Arbeit in verschiedenen Epochen und Kulturen. Berlin 2003. 19 ff.

27 L. B. Carter, The Quiet Athenian. Oxford 1986, der die Sache aber ziemlich übertreibt.

die Rede, Perikles sei jetzt Alleinherrscher (Tyrann).[28] Vorher hatte er seinen Einfluß offensichtlich mit seinem Rivalen geteilt, wenn auch nicht unbedingt zu gleichen Raten.[29] Schließlich müssen immer wieder auch Auseinandersetzungen stattgefunden haben, bei denen kaum von vornherein klar war, wer sich durchsetzte.

Sokrates (oder Platon) zählt selbst unter denen, die zur Volksversammlung zu sprechen pflegten, neben Schustern, Schmieden, Krämern etc. Schiffsherren, Reiche, Vornehme auf.[30] Sollten sie ganz ohne Freunde und Anhänger dort aufgekreuzt sein? Auch ist kaum vorstellbar, daß die Angehörigen der Ober- (und doch wohl auch der Mittel-) schicht die Volksversammlung einfach den Walkern, Schustern, Zimmermännern etc. überließen, Männern, nebenbei gesagt, denen es – anders als ihnen – schwer fallen konnte, der eigenen Arbeit fernzubleiben. Es wurden im fünften Jahrhundert ja für die Teilnahme an der Volksversammlung noch keine Diäten gezahlt.

Laut Xenophon (Memorabilien 3,6,2 ff.) ist Platons Bruder Glaukon, der es als junger Mann gut fand, zur Volksversammlung zu sprechen, dort ausgelacht und von der Rednerbühne heruntergebugsiert worden – weil er keine Ahnung von einigen zentralen Grundbedingungen der Polis hatte. Er hat anscheinend einfach nur so dahergeredet. Sokrates hält ihm vor, was alles einer wissen muß, um mitsprechen zu können. Es ist kaum anzunehmen, daß er sich zu technischen Problemen äußerte oder daß es die „Gebildeten" waren, die ihn derart behandelten. So wäre auch diese Bemerkung als ein Zeugnis für den Sachverstand der breiten Menge innerhalb der Volksversammlung zu werten: Sie

---

28 Fragmente 220. 22 Koch. Vgl. J. Schwarze, Die Beurteilung des Perikles durch die attische Komödie und ihre historische und historiographische Bedeutung. München 1971. 43 f.

29 Auf des Spartanerkönigs Archidamos Frage, wer der bessere Ringer sei, er oder Perikles, meinte er: „Wenn ich ihn im Ringkampf zu Boden werfe, streitet er ab, gefallen zu sein, und zwar so erfolgreich, daß selbst jene ihm glauben, die ihn mit eigenen Augen haben fallen sehen" (Plutarch, Perikles 8,8). Sein Vater Melesias war aller Wahrscheinlichkeit nach ein berühmter Ringkämpfer, mehrfach von Pindar gerühmt (J. K. Davies, Athenian Propertied Families. Oxford 1971. 231). Platon, Menon 94c. Könnte es sein, daß später Sophokles, Ödipus Tyrannos 880 f. darauf anspielt? Weiteres: Plutarch 11,1 f. 12,1 f. 14. Aristides Scholien 3p 446.

30 Platon, Protagoras 319 d.

wußten über die Dinge Bescheid genug, um beurteilen zu können, wer das nicht tat.

Und weiter: Der vor versammeltem Volk geäußerte Spott der Komödie über eben dieses Volk, spricht er nicht eher dafür, wie sicher es sich grundsätzlich seiner Herrschaft samt seiner Fähigkeit sie auszuüben gewesen ist – wenn dabei auch im einzelnen vielerlei fehllaufen mochte und Grund bestand, an manchem auf witzige oder auch gallige Weise Anstoß zu nehmen? Daß Aristophanes' Ritter es damit besonders weit trieben, wird mit dem damals besonders akuten Ärger über Kleons Auftreten, seine Erfolge und seine Macht zu tun haben.

Wenn man diesen oder jenen Teilnehmer der Volksversammlung mit offenem Munde stehen sah oder wenn – bei Aristophanes – Männer ihren Frauen nicht zu erklären wußten, was sie anstellten, stattdessen ihre Fragen so stumpfsinnig wie wortreich überhörten[31], sollte das nicht unbedingt gleich für typisch gehalten werden; so sehr es in dieser oder jener Situation hier und da vorgekommen sein wird.

Gewisse Mängel des Volksregimes werden dagegen richtig bezeugt sein. Einer davon resultierte aus der Eile, die – wie Thukydides den Redner Diodot sagen läßt (3,42,1) – neben Leidenschaft respektive Zorn (*orgē*) am stärksten einer vernünftigen Beschlußfassung im Wege stand. Volksversammlungen hatten nicht so viel Zeit, wie in Ratssitzungen aufzubringen war.[32] Wohl mochten sich die Beratungen auch in ihnen länger hinziehen, zumal ja nach Möglichkeit alle Meinungen vorgebracht werden sollten. Doch bleibt die Demokratie an dieser Stelle im Nachteil. So scheinen, zumal wenn es hart auf hart ging, also wichtig war, die – aus längeren Beratungen hervorgegangenen – Vorschläge des Rats wenig gefruchtet zu haben.

Die Eile, heißt es bei Thukydides weiter, gehe normalerweise mit Unbesonnenheit einher, Leidenschaft und Zorn mit einem Mangel an Bildung sowie Kurzgeschnittenheit der Einsicht (*gnōmē*).

Offensichtlich kam es in den Versammlungen immer wieder zu stärkeren Meinungs- und Stimmungsausschlägen. Die heftigen Redegefechte – oft von bestens geschulten Rhetoren – mochten sie hier- und

---

31 Lysistrate 507 ff.
32 Auch der thebanische Herold in Euripides, Hiketiden 409 f. beklagt die Eile der Entscheidung. Er fügt hinzu, daß das Volk die Reden nicht prüfe.

dorthin mitreißen, in der Hitze des Gefechts, unter Umständen auch der prallen Sonne.

Wir hören von Zwischenrufen. Es wird Akklamationen und Schmähungen gegeben haben, auch lauten Spott[33] der ganzen Versammlung. Die Stimmung mochte aufgeilt werden. Und warum sollte es nicht auch zuweilen ordinär, also „ungebildet" zugegangen sein? Jedenfalls wird es eine gewisse Neigung gegeben haben, frei von der Leber weg zu urteilen und diese Urteile auch zu akzentuieren. Sokrates scheint selbst beim großen Geschworenengerichtshof *thórybos*, also laute Unruhe befürchtet zu haben.[34]

Die Volksversammlung konnte also ausrasten, auch in Übermut. „Wenn das Volk, in Zorn geratend, aufbraust, ist ihm wie einem ungestümen Feuer nicht leicht beizukommen".[35]

Wohl nicht ohne Grund wurde Perikles dafür gerühmt, daß er die Versammlung sowohl mäßigen wie im Falle verbreiteter Depression mit neuem Mut erfüllen konnte. In andern Fällen muß ähnliches wohl auch andern gelungen sein.

Einmal heißt es gar auch, daß größere Teile der Bürgerschaft sich derart in bestimmte Richtungen versteiften, daß – bei den Beratungen darüber, ob man nach Sizilien ziehen sollte – Skeptiker und Gegner des Unternehmens sich gar nicht mehr zu Wort zu melden trauten.[36] Nikias meint, es bereite ihm Angst, wenn er die Zwischenrufe der Jüngeren höre, „und ich mahne die Älteren …: schäme sich keiner, wenn jemand neben einem von diesen sitzt, gegen den Krieg seine Hand zu erheben, auch wenn das feige zu sein scheint".[37]

---

33 Z. B.Thukydides 4,28,3. Xenophon, Memorabilien 3,6,1. 7,8 u. a.
34 Platon, Apologie 27a. 30c. – Übrigens wird den Athenern außer dem Zorn (orgē) auch Milde zugesprochen, bei Parrhasios sowie in einer späteren Quelle (Plutarch Praecepta rei publicae gerendae 799c). Interessant ist eine Bemerkung in Aristoteles' Rhetorik (1380b 10-13). Danach würden die Richter milde gestimmt, "wenn sie ihren Zorn an einem andern ausgelassen haben", wie das zum Beispiel dem Ergophilos zugute kam. Denn obwohl gegen diesen das Volk noch starker aufgebracht war als gegen Kallisthenes, sprach es ihn doch frei, weil es tags zuvor den Kallisthenes zum Tode verurteilt hatte.
35 Euripides, Orest 696, freilich vorgebracht von einem, der es mit der Volksversammlung nicht aufnehmen wollte. Vgl. Thukydides 2,22,1. 59,3. 65,1. 8.
36 Thukydides 6,24,4.
37 Thukydides 6,13,1.

Wir hören auch einige Male davon, daß Politiker ihre Anhänger veranlaßten, sich auf der Pnyx in einem Block zusammenzusetzen, um besonders Respekt gebietend dazustehen oder nicht der Strahlkraft stärkerer Stimmungen zu erliegen.[38]

Die Frage ist, wie häufig es in der attischen Volksversammlung zu stärkeren Gefühls-, zu Leidenschaftsausbrüchen kam und wie nachhaltig sie waren. An sich muß das Volk doch wohl in aller Regel seinen Aufgaben gerecht geworden, also zu vernünftigen Beschlüssen gelangt sein. Athen war ja kein Irrenhaus, sondern ein funktionierendes Gemeinwesen, das immer wieder vor schwierigen Problemen stand, die es in der Regel einigermaßen probabel gelöst haben muß (abgesehen freilich von den Zuspitzungen im Peloponnesischen Krieg, zumal in seiner Endphase). So wird man annehmen müssen, daß die Schwierigkeiten im Funktionieren der Volksversammlung zwar ein gewisses Manko der demokratischen Ordnung darstellten, daß sie aber in unseren Quellen eindeutig übertrieben werden, daß dort von Einzelfällen aus verallgemeinert wurde, vielleicht unter dem Eindruck der verzweifelten Reaktionen während der Endphase des großen Krieges.

Das Zusammenleben in einer Polis, in der recht viele in großem Ausmaß immer wieder in der Öffentlichkeit sich aufzuhalten, miteinander zu reden, eventuell auch zu streiten pflegten, erforderte gewiß die Ausbildung gewisser Affektkontrollen. Aber wie weit reichten die? Wenn immer wieder wichtige, sehr umstrittene Fragen zu diskutieren und zu beantworten waren? Wenn das Ergebnis der Abstimmung immer wieder offen war und die Leidenschaften sich hochpeitschten?

In diesem Zusammenhang erscheint übrigens die verschiedentlich bezeugte, „Wankelmütigkeit" der Volksversammlung in anderem Licht. Sie ist doch eigentlich ein gutes Zeichen dafür, daß die Versammlung sich korrigieren konnte – eventuell indem sich Männer, die abwesend gewesen waren, alarmiert sahen. In den Fällen, die wir kennen, sind jedenfalls die späteren Beschlüsse mehrfach eindeutig Korrekturen zum Besseren, zum Vernünftigeren. Wenn es, wie in der Beratung über Mytilene eine knappe Mehrheit ist, auf die der korrigierende Beschluß zurückzuführen ist, so zeigt sich darin vielleicht gar, wie viel unter Um-

---

38 Plutarch, Perikles 11,3. Aristophanes, Ekklesiazusen 296 f.

ständen von wenigen abhängen konnte; zugleich, wie gespalten das Urteil großer Teile der Versammlung sein konnte. Und das doch wohl durchaus aus gutem Grunde.

***

Vor allem muß man in diesem Zusammenhang das tatsächliche Funktionieren der attischen Demokratie in Rechnung stellen.

Wenn die je auf ein Jahr begrenzte, durch Losung bestimmte und nicht wiederholbare Besetzung der Ämter in irgend beachtlichem Ausmaß Ärger erregt oder gestört hätte, hätte man sie kaum beibehalten können. Schließlich lag nicht nur etwa die Ordnung auf Markt und Straßen, sondern zum Beispiel auch die Wartung, eventuelle Reparatur und Bereitstellung der Kriegsschiffe in den Händen dieser Art Amtsträger. Dabei mag eine gewisse Garantie für ordentliche Amtsführung darin bestanden haben, daß die Zuständigkeiten relativ eng beschnitten waren und daß die Ämter jeweils von zehn Männern, aus jeder Phyle einem, besetzt wurden und der Aufsicht durch den Rat der Fünfhundert sowie mehrfacher Überprüfung unterlagen.

Wesentlich komplizierter muß es sich mit der Politik der Volksversammlung und des Rats der Fünfhundert verhalten haben. Versucht man eine kurze Bilanz dessen aufzustellen, wie das Regiment von Rat und Volksversammlung in Athen und von Athen aus von der Entmachtung des Areopags bis zum Ende des fünften Jahrhunderts gewirkt hat, so ergäbe sich wohl etwa dies:

Die Herbeiführung der Demokratie in Athen erfolgte, wie schon erwähnt, im Jahre 462/1. Der Hebel wurde angesetzt in der Entmachtung des alten Adelsrats auf dem Areopag. Er durfte sich künftig nicht mehr in die Politik einmischen. Damit war die Volksversammlung gänzlich frei für den Kampf der Meinungen. Ob im gleichen Schritt noch weitere institutionelle Veränderungen vorgenommen wurden, ist nicht sicher.

Eine ganze Reihe von Indizien spricht dafür, daß sich damals heftige Auseinandersetzungen entspannen, die den inneren Frieden bedrohten[39]. Es muß leidenschaftlich vor und doch wohl auch unter den

---

39   Die Ermordung des Ephialtes (Antiphon 5,68. Plutarch, Perikles 10,7 f. [Aristoteles], Athenaion Politeia 25,4. Diodor 11,77,6) spricht mit Wahrscheinlichkeit, die Verdächtigungen gegen attische Aristokraten noch im Jahre 457 (Thukydides 1,107,4. Plutarch, Kimon 17,4) mit Sicherheit dafür. Ebenso

unbekannten Athenern gestritten worden sein. Aischylos' zwischen 465 und 460 aufgeführte Tragödie Hiketiden scheint deutliche Anspielungen auf die damalige Agitation zu enthalten (s. u. S. 71 ff.). Danach spricht die Wahrscheinlichkeit dafür, daß die Gegensätze in aller Grundsätzlichkeit ausgefochten wurden. Adlige werden der Volksversammlung das Recht abgesprochen haben, so tief in die überkommene Ordnung einzugreifen. Ihre Gegner zielten geradenwegs auf eine Herrschaft des Volkes, wogegen nach anderer Quelle Kimon später forderte, die der Besten (Aristokratie) unter Beteiligung des Volkes (wie sie unter Kleisthenes und auch unter dem Areopag bestanden habe) wiederum einzuführen[40]. Später sollte Platon bemerken, Ephialtes habe den Athenern reinen Freiheitswein eingeschenkt[41].

Eigenartigerweise wird in den Hiketiden der Volksversammlung gar etwas attestiert, was uns sonst nirgends begegnet: Sie sei nicht nur aufs beste, auf das Gemeinwohl bedacht, sondern geradezu vorausschauend, *promathís* (700)[42].

    Aischylos' Eumeniden. Vgl. Ch. Meier, Die Entstehung des Politischen bei den Griechen, 5. Aufl. 2008. 144 ff. (Dazu Paul Demont, De Carl Schmitt à Christian Meier: Les Euménides d'Eschyle et le Concept de „Politique" [das „Politische"] in: Eschyle, Les Choéphores. Les Euménides. Paris 2011. 183 ff.).

40 Plutarch, Kimon 15,3. Plutarch zitiert allerdings nicht, sondern spricht im eigenen Namen, wenn er Kimon die Absicht attestiert, die Aristokratie der Zeit des Kleisthenes wieder einzuführen. Der Sache nach könnte das gleichwohl nicht gar so falsch sein: Die maßgebende Rolle des Areopags als „Bestenherrschaft" bei durchaus gegebener Beteiligung des Volkes an der Politik (wie Kleisthenes sie begründet hat; dem Herodot gar die Einführung einer Demokratie zugesprochen hat [6,131,1]). Plutarchs Hinweis darauf, daß es schon vor 462/1 Versuche „des Volkes" gegeben habe, alle Macht an sich zu reißen (die Kimon aber zunächst verhindert habe), könnte für die Dauer der Kämpfe um die Reform sprechen.

41 Plutarch, Perikles 7,8.

42 Die Stelle wäre gut zu verstehen, wenn damit der Volksversammlung etwas zugesprochen worden wäre, was man Kimon abgesprochen zu haben scheint (Plutarch, Kimon 15,4: Sorglos sei er gewesen). Voraussicht nämlich, wie Ephialtes und doch wohl auch sein Lehrer Themistokles das verstand, hätte gelehrt, daß Sparta sich auf die Dauer nicht mit den immer weiteren Machtgewinnen Athens abfinden konnte. Es mußte also – wie sich im Fall von

Der Anführer der Reformer, Ephialtes, wurde bald ermordet. In Aischylos' Orestie von 458 wird in höchst eindrucksvollen Worten die Einheit der Stadt nach innen wie nach außen beschworen. Als zwei Jahre später eine spartanische Armee eine Weile lang bei Tanagra kampierte, kam der Verdacht auf, attische Adlige hätten sie gebeten, in Athen die alte aristokratisch bestimmte Ordnung wiederherzustellen (s. Anm. 39).

Man kann darüber streiten, was den Männern um Ephialtes wichtiger war, die Herbeiführung der Demokratie oder die entschiedene Politik gegen Sparta. Eins jedenfalls war ohne das andere nicht zu haben. Im attischen Adel bestanden zahlreiche enge Beziehungen dorthin. Man mußte das Volk also dessen Einfluß entziehen, wenn man entschiedene Politik gegen Sparta machen wollte. Die Reformer hatten das wohl schon länger betrieben; jetzt konnten sie es durchsetzen: Da Sparta sich Athens Aufstieg auf die Dauer nicht gefallen lassen könne, müsse man jede Gelegenheit wahrnehmen, es zu bekämpfen. Und der Volksversammlung scheint es recht gewesen zu sein, daß Athens Macht nun auch im offenen Gegensatz gegen den großen Rivalen erweitert wurde.

Die erste große Leistung der neugegründeten Demokratie muß in der inneren Befriedung bestanden haben, welche ausgesprochen schwierig gewesen, aber schließlich gelungen sein muß.

Der unter der Ägide des Areopags begonnene Krieg gegen Persien wurde fortgesetzt. Als die Athener jedoch beschlossen, einen libyschen Fürsten zu unterstützen, der das damals aufständische Ägypten von der Perserherrschaft befreien wollte, haben sie sich arg verschätzt. Der Perserkönig rückte mit großer Macht heran. Das athenische Kontingent wurde weitgehend aufgerieben. Wenige von mehreren Tausend Athenern kehrten heim. Daß die Perser an der Ägäis trotzdem alles beim Alten ließen, die Griechen also nicht weiter bedrohten, wird mehr dem Glück sowie deren eigenem Desinteresse zu verdanken gewesen sein als der Macht oder dem Geschick der attischen Demokratie.

Zu Hause dagegen, auf dem Festland, im innergriechischen Machtkampf, den man bald begonnen hatte, war Athen lange erfolgreich. Ägina wurde erobert. Das mit Sparta verbündete Megara schloß sich

---

Thasos gerade gezeigt zu haben schien (Thukydides 1,101,1) – Städte unterstützen, die vom Seebund abfallen wollten. Was ja die eigentliche Gefahr für dessen Zusammenhalt darstellte.

Athen an. Man faßte Fuß am Golf von Korinth. Eine attische Flotte umfuhr die Peloponnes. In mehreren böotischen Städten gewannen Freunde Athens die Oberhand. Auch wenn die Stadt eine Schlacht gegen Sparta verlor, auch wenn ein Feldzug nach Thessalien scheiterte: Sie konnte ihre Macht gut ausbauen. Zunächst.

Wir kennen keinerlei Einzelheiten darüber, wie die attische Politik damals zustandekam. Nur ein Detail ist bei Plutarch bezeugt: Der (bis dahin recht erfolgreiche) Feldherr Tolmides wollte 447 einen Feldzug nach Böotien unternehmen. Perikles fand, die Zeit sei nicht die rechte dafür[43]. Die Volksversammlung neigte Tolmides zu. Es kam zu einer schweren Niederlage. In ganz Böotien wurden die Verbindungen nach Athen gekappt. Megara wandte sich wieder Sparta zu. Kurz darauf fiel Euböa vom Seebund ab und mußte mühsam wieder zum Anschluß an Athen gebracht werden. In der Zwischenzeit fiel eine spartanische Armee in Attika ein.

Auch wenn einzelne Positionen weiter gehalten werden konnten, im ganzen ist die von den Stiftern der Demokratie begonnene Politik gegen Sparta, der Versuch, auf dem griechischen Festland eine starke Position aufzubauen, gescheitert.

Man muß dieser Politik aber wohl zugutehalten, daß die Umstände, die sich in Griechenland nach den Perserkriegen einstellten, über alle Erfahrungen und Erwartungen unendlich weit hinausgeführt hatten. Viele selbstverständliche Beschränkungen des Handelns und Planens waren niedergelegt. Eine völlig neue Lage war entstanden. Da mochte man nur allzu sehr versucht sein, über die bisherigen Grenzen attischer Politik weit und weiter auszugreifen. Insofern wäre es vermutlich falsch, die Politik Athens gegen Sparta einfach auf einen Mangel an politischer Intelligenz zurückzuführen. Ungeheure Möglichkeiten schienen sich zu erschließen. Wo ihre Grenzen lagen, mußte sich erst herausstellen.

Wenn die Korinther bei Thukydides die Athener als Wager und Gefahrläufer bezeichnen, so könnte das auf einen gewissen Leichtsinn gerade der damaligen attischen Politik weisen. Er hätte sich aus der Erfolgsgeschichte der Stadt ergeben. Sie war ja „gewohnt, auch über das Maß ihrer Kräfte hinaus zu wagen und wider vernünftige Einsicht die Gefahr zu suchen, noch in gefährlicher Lage voller Zuversicht"

---

43 Plutarch, Perikles 18,2.

(1,70,3). Manch ein riskanter Beschluß könnte sich am Ende als günstig erwiesen haben. Was man durchaus selbstkritisch sehen konnte. „Was unverständig wir beschließen und verkehrt, das wird zu unserm Besten doch zuletzt gekehrt", soll nach Aristophanes geradezu sprichwörtlich gewesen sein.[44] Jedenfalls wuchs aus den Erfolgen Zuversicht, welche vielfach neue Erfolge zeitigte.

In der ersten Hälfte der 40er Jahre veränderte sich die Lage in verschiedener Hinsicht. 449 schloß Athen Frieden mit Persien. Der Seebund hatte damit seine Existenzgrundlage endgültig verloren. Man wollte (und konnte) ihn – und die darauf beruhende Macht der Stadt – aber nicht einfach aufgeben. Versuche, die führende Rolle Athens im Ägäisraum neu zu begründen, scheiterten. So entschloß man sich, den Bund, also die eigene Herrschaft über weite Teile der Griechenwelt beizubehalten.

Vor allem gelang es 445, mit den Spartanern einen Frieden ganz neuer Art einzugehen: Die beiden Vormächte verpflichteten sich dazu, sich gegenseitig die „Bündnisse" mit den von ihnen abhängigen Städten zu garantieren. Keine durfte in den Machtbereich der anderen hineinwirken, keine eine von der anderen abfallende Stadt unterstützen. Und es sollte künftig kein Krieg begonnen werden, wenn der Gegner bereit war, sich einem Schiedsgericht zu stellen. So sollte, aufs Ganze gesehen, wohl ein allgemeiner Friede hergestellt werden. Der Vertrag wurde auf 30 Jahre abgeschlossen, eine für griechische Verhältnisse recht lange Zeit. Aus dem Gegensatz der beiden Vormächte wurde eine Interessengemeinschaft. Es mag der Ausweg aus mancher Ratlosigkeit angesichts völlig neuer Verhältnisse gewesen sein. Und endlich sollte dauerhaft Frieden sein.

Wiederum hören wir nichts darüber, was alles an Auseinandersetzungen damals in der Öffentlichkeit, zumal vor der attischen Volksversammlung stattgefunden hat (und haben muß).

Nur für einen Punkt ist ein heftiger Streit bezeugt: Als nämlich Perikles 447 erstmals einen Antrag im Sinne der von ihm geplanten Bau-

---

44 Eupolis, Frg. 217 Koch. Aristophanes, Ekklesiazusen 473 ff. Vgl. Wolken (423 v. Chr.) 587, wo es noch kein Sprichwort, sondern eine vielleicht gerade gekommene Einsicht ist: Weil die Athener mit Kleons Entsendung nach Sphakteria wirklich mehr Glück als Verstand gehabt hatten. Es ist nicht auszuschließen, daß das „Sprichwort" aus dieser Affäre herausgesponnen ist.

politik stellte. Es ging um den Parthenon. Eine Reihe von Adligen protestierte, angeführt von Thukydides, dem Sohn des Melesias. Er fand, Athen schmücke sich wie ein altes Weib auf Kosten der Bundesgenossen. Auch wenn, wie man erschließen kann, die Kriegskasse des Seebunds bei dieser Gelegenheit nicht angezapft wurde[45], ließ sich das behaupten. Denn ein Sechzigstel der Beiträge ging an die Göttin Athene, und auf deren Schatz griff man zurück. Freilich diente der Parthenon, der keinen Altar hatte, nicht dem Kult. Er sollte im hinteren Teil den Schatz des Seebunds beherbergen. Doch sollte er die Stadt zugleich so großartig – und so kunstvoll – wie nur möglich schmücken, auch präsentieren, ja weit herausheben aus allen andern.

Thukydides dagegen und viele seiner Standesgenossen fungierten als Gastfreunde derer, die in den Bundesstädten die Beiträge aufbrachten, übrigens vielfach im März bei deren Ablieferung nach Athen kamen und die jetzt, wenn sie dort im Theater Platz nahmen, beobachten konnten, wie die Athener vor der Vorstellung die attischen Einnahmen aus dem Bund (abgemessen in großen Tonbehältern, so daß man mitzählen konnte) vorgeführt bekamen; außerdem wurden künftig auf stolzen Tafeln die Listen der Tribute öffentlich aufgestellt.

Ob Thukydides und die Seinen Überlegungen anstellten, wie man den „Seebund" auf ein für die Bundesgenossen erträglicheres Maß zurückschrauben könne, wissen wir nicht. Leicht kann es jedenfalls ganz und gar nicht gewesen sein.

Bei aller Macht, die er gewann, konnte Thukydides die Baupolitik nicht verhindern. Als er durch Ostrakismos verbannt worden war, war es, daß der Komödiendichter Kratinos bemerkte, nun sei man einer Tyrannis ausgeliefert.[46] Perikles hatte keinen Rivalen mehr. Damals kam es dazu, daß Athen – nach dem Historiker Thukydides – ein (demokratisches) Regiment unter dem Ersten Mann wurde. Doch bedeutete das ja eben nicht, daß damit die Volksversammlung einfach zu dessen Werkzeug geworden wäre.

Der Seebund muß auf die Dauer schwierige Probleme auf die Tagesordnung der Volksversammlung gebracht haben. Immer wieder ein-

---

45 A. Giovannini, Le Parthénon, le Trésor d'Athéna et le Tribute des Alliés. In: Historia 39, 1990. 129 ff.
46 Vgl. o. Anm. 28.

mal fiel eine Stadt ab, darunter vor allem eine so bedeutende wie Samos. Immer wieder wurde hier und dort die Beitragszahlung verweigert oder verschleppt. Und es wird Streitigkeiten genug gegeben haben. So ja auch Anlaß für Aristokraten und ihre Freunde und Anhänger, die Versammlung zu besuchen. Platon (oder der sehr genau über ihn orientierte Verfasser des unter seinem Namen überlieferten siebten Briefs) meint geradezu, diese Freundschaften hätten 70 Jahre lang den Zusammenhalt des Seebunds gesichert (332 b.c).

Je länger der Frieden dauerte, umso weniger scheint es verschiedenen Bündnern eingeleuchtet zu haben, daß sie der Stadt zu dienen hatten und daß Athen auf verschiedene Weisen in die von ihm abhängigen Städte hineinwirkte, unter anderem die Gerichtsbarkeit für wichtige Fälle an sich gezogen hatte; daß es Beiträge kassierte. Seine Gastfreunde durften in ihren Städten nicht vor Gericht gezogen werden. So braute sich gerade im Schutz des Friedens ein gewisser Unwille, vielleicht auch Protest, ein Drängen auf Freiheit von Athen zusammen. Wir kennen wiederum keine Einzelheiten. Doch kann man das Ausmaß der Schwierigkeiten daraus entnehmen, daß Perikles, nachdem der 30jährige Frieden mit Sparta 14 Jahre gehalten hatte, keinen Ausweg mehr wußte, als die Dinge auf einen neuen Krieg hintreiben zu lassen. Es schien ihm dringend zu werden, neuerdings zu beweisen, daß Athen unbesiegbar war. Nichts außer der 50 Jahre alten, abgegriffenen Geschichte des entscheidenden Anteils Athens an den Siegen über die Perser (die keiner mehr hören wollte) schien mehr für das Bündnis zu sprechen (Herodot 7,139); allenfalls die Sicherheit der Ägäis, für die Athen sorgte. Sparta sah sich seinerseits zunehmend durch vielerlei Klagen bedrängt, es müsse für die Freiheit der Griechenstädte eintreten, so daß wichtige Kräfte dort schließlich ebenfalls zum Krieg tendierten. Nachdem die beiden griechischen Großmächte sich und ihre Herrschaften respektive Bündnisse gegenseitig gestützt hatten, mußten sie nun wieder gegeneinander antreten. Es ist, wie wenn sich in vielfältigen Klagen einzelner Städte die alte Konstellation des ungetrübten Nebeneinanders unendlich vieler voneinander unabhängiger Poleis habe wiedereinstellen sollen.

Das tiefere Problem der Lage Athens hat Perikles nach Thukydides auf die Formel gebracht, es möge ungerecht gewesen sein, eine Tyrannis über die Bündner zu begründen, sie loszulassen aber sei gefährlich

(2,63,2). Viele wären dann also, so muß das doch wohl verstanden werden, vereint über das verhaßte Athen hergefallen. Ob das richtig war, sollte man sich fragen. Wenn ja, muß der Haß auf Athen ganz außergewöhnlich groß gewesen sein. Wenn es aber aus dieser kurzfristig so vorteilhaften wie langfristig vertrackten Lage keinen Ausweg gab als einen großen Krieg, waren die Athener eher Getriebene als Treibende – wenn man sie jedenfalls bei Thukydides argumentieren hört, welcher eine ganze Anthropologie der Furcht (sowie der Gier nach Macht und Ehre) von daher entwickelt hat.

Und eines scheint jedenfalls klar zu sein: In dieser Geschichte, insbesondere in der Durchsetzung des unbedingten Willens, Athens Herrschaft zu bewahren und zu sichern, koste es, was es wolle, anders gesagt: in dieser ganz entschieden und konsequent auf die eigene Herrschaft ausgerichteten Politik hat der vom Historiker Thukydides bezeugte maßgebende Einfluß des Perikles alle Wahrscheinlichkeit für sich.

Wir hören nicht nur von seiner Kunst, die Stimmung im Volk zu moderieren, sondern es wird auch bezeugt, er habe von seiner Autorität einen sehr überlegten, begrenzten Gebrauch gemacht. Nur wo es wirklich wichtig war, habe er sie eingesetzt, habe im übrigen Vertraute oder Gefolgsleute in der Volksversammlung auftreten lassen.[47] Sie mußten sich den Auseinandersetzungen stellen, die dort ausgetragen wurden, wohl auch Niederlagen hinnehmen. Und werden dem Volk das Gefühl vermittelt haben, daß die Entscheidung wirklich bei ihm lag. Übrigens hat Perikles sorgfältig darauf geachtet, ganz und gar die Rolle des demokratischen Staatsmanns zu spielen, indem er sich etwa von den aristokratischen Lebensformen konsequent fernhielt. Er hatte, wie man weiß, an sich durchaus seinen sehr eigenen Lebensstil. Doch könnte sich darin zeigen, wie anspruchsvoll die breite Menge auch in diesem Punkt war.

Für den – doch wohl in einer ganzen Reihe von Schritten (vielleicht auch Korrekturen) erfolgenden – konsequenten Ausbau der attischen Demokratie sodann kann aller Wahrscheinlichkeit nach das Urteil des Pseudo-Xenophon übernommen werden: Das war gut überlegt im Sinne breiter Bürgerschichten. Es lag somit auch im Interesse derer, die sich

---

47 Plutarch, Perikles 7,7.

auf diese Schichten stützen wollten, um jene Adligen auszumanövrieren, die sich einer entschiedenen „modernen" Machtpolitik Athens widersetzten. Womit dann auch eine gewisse Entsprechung zwischen der militärischen Bedeutung der Ruderer der attischen Flotte und ihrer politischen Partizipation hergestellt wurde.

Problematisch scheinen schließlich Teile der Gesetzgebung gewesen zu sein. Wir haben Anhaltspunkte dafür, daß im fünften Jahrhundert eine recht große Zahl von Gesetzen durch die Volksversammlung beschlossen worden ist. Zum Teil war das dadurch erforderlich, daß sich die Geschworenenrichter, die für jedes Verfahren, meistens in großer Zahl, erlost wurden, nach den Gesetzen zu richten hatten (die es für vielerlei Tatbestände ursprünglich gar nicht gegeben haben wird und von denen einige, die es dann gab, sich als korrekturbedürftig erwiesen haben werden). Doch müssen sich immer wieder auch einzelne Personen oder Gruppen bemüht haben, irgendwelche Absichten durch entsprechende Gesetze durchzusetzen. Der Komödiendichter Platon spottete, wenn man sich drei Monate außerhalb der Stadt aufgehalten habe, kenne man sie kaum wieder. Und das soll sich auf die sich jagenden Gesetze bezogen haben. Wie immer man es deuten will, vielleicht ist auch ein zweites Fragment aus seinem Werk hier einschlägig: „Unsere Gesetze sind wie diese dünnen Gewebe, mit welchen die Spinne die Mauern überzieht".[48]

Jedenfalls sah man sich gegen Ende des Peloponnesischen Kriegs einerseits veranlaßt, den inzwischen angesammelten Wust von Gesetzen neu zu ordnen (was gar nicht einfach war), andererseits verfügte man, daß nicht mehr die Volksversammlung, sondern ein Gremium von Nomotheten (mit einem Mindestalter von 30 Jahren) nach genau geregeltem Verfahren Gesetze zu beschließen habe. Und es gab, wir wissen nicht seit wann, die sogenannte *graphē paranómōn*, welche die Möglichkeit schuf, neu beschlossene Gesetze durch ein Gericht daraufhin überprüfen zu lassen, ob sie den geltenden widersprächen.

Alles in allem genommen: Bedenkt man, daß sich Rat und Volksversammlung in kurzen Abständen stets neu mit den außenpolitischen und militärischen (sowie anderen) Problemen Athens befaßten, daß sie Verantwortung für die Stadt und darüber hinaus trugen, daß sie immer

---

48 Platon (der Komödiendichter), Fragment 226 sowie 22 Koch. Vgl. auch Xenophon, Memorabilien 4,4,14. Aristophanes, Ritter 1383.

wieder – gewiß nicht nur, aber doch weitgehend – von gut gebildeten, klugen Rednern mit Alternativen konfrontiert wurden, daß Athens Bürger an all dem Geschehen als Beobachtende, Beratende, Geschworene, Akteure, immer wieder auch als Betroffene (was etwa den Tod in der Schlacht für sie oder ihre Söhne anging) engagiert waren, so ist es, scheint mir, gänzlich ausgeschlossen, daß Rat und Volk in Athen die politischen Kämpfe, die damals stattgefunden haben müssen, nur als rhetorisches Spektakel genommen und/oder Perikles' Politik stets von Neuem einfach abgenickt oder gar Maulaffen feilgeboten hätten. Sie müssen vielmehr zumindest mit viel Erfahrung, Sachkenntnis, mit viel Verstand also einigermaßen fähig gewesen sein, jeweils die Argumente zu prüfen, vielleicht auch manche Folgen möglicher Beschlüsse richtig abzuschätzen, um schließlich ihre Entscheidungen zu treffen. Auch in Hinsicht auf Perikles' große Autorität muß man sich vielleicht doch fragen, wie weit sie einfach seinen großen rhetorischen Fähigkeiten verdankt wurde – und wie weit der Tatsache, daß er immer wieder in der Sache überzeugend war. Wobei er vielfach Interessen des breiten Volkes aufnahm und daher viel Vertrauen auf sich zog. Gerade wenn dabei gelegentlich die Leidenschaft mit dem Volk durchging, sollte man den attischen Volksversammlungen also einige Urteilskraft zubilligen. Die Dinge waren höchst spannend. Sie bildeten weit über die Pnyx hinaus wichtige Gegenstände der Gespräche in der ganzen Stadt. Genügend Männer werden sich ausgekannt haben, so daß man sich orientieren mußte, wenn man mithalten wollte.[49]

Es ging um Athen. Bei der breiten Bürgerschaft lag die Verantwortung für die Stadt und darüber hinaus. Sie war in alles, was geschah, eingespannt. Kaum vorstellbar also, daß sie nicht durchaus und gut mitzudenken in der Lage war, nicht nur aufs Ganze gesehen. Andernfalls müßten die unbekannten Athener geradezu verstockt gewesen sein.

Schwer zu beurteilen ist ein Beschluß, den die Volksversammlung Ende der 30er Jahre auf Antrag des Diopeithes gefaßt haben soll, wenn er denn historisch ist: Gottlosigkeit solle künftig verfolgt werden. Da

---

49 M. Finley wie o. Anm. 10. 24 ff. 31. 35. 37 gelangt zu einem ganz ähnlichen Urteil. Derart regelmäßig wie im damaligen Athen hätte man nicht an Volksversammlungen teilnehmen können, wenn man nichts oder wenig von dem verstand, was dort verhandelt wurde, ja eigentlich: wenn man dahinein nicht irgendwie verwickelt war. Die Männer hatten schließlich auch anderes zu tun, etwa Geld zu verdienen.

scheint es manchen im Volk zu viel geworden zu sein mit der in Athen gepflegten Philosophie und Aufklärung. Anaxagoras, Perikles' Lehrer und Freund mußte jedenfalls die Stadt verlassen, vermutlich auch der Sophist Protagoras. Außerdem wird von anderen Prozessen berichtet, wie gegen Aspasia, Perikles' höchst geistvolle, wohl aber auch etwas freizügige Frau.[50]

Nach Perikles' Tod gab es durchaus noch Phasen, in denen ein einzelner Politiker in Athen maßgeblichen Einfluß erlangen konnte. Kleon zum Beispiel, den Thukydides und Aristophanes höchst kritisch beurteilten. Er war ein Neureicher, scheint sich proletisch aufgeführt zu haben, verstand sich aber aufs Reden, war voller Energie und Tatkraft und muß viel Sachverstand besessen haben. Das scheint es ihm ermöglicht zu haben, die Volksversammlung eine Weile lang zu bestimmen, wenn auch nicht gerade nobel (als Sparta zum Frieden bereit war, wirkte er etwa zunächst darauf hin, es nach Kräften zu demütigen). Gegen ihn stand der bedachtsame, rechtschaffene Nikias. 421 gelang es dem sogar, freilich nach Kleons Tod, einen für Athen günstigen Friedensvertrag abzuschließen (und die Zustimmung der Volksversammlung dafür zu gewinnen).

Doch nicht lange danach veränderte sich alles gründlich. Der Friede konnte nicht überall durchgesetzt werden. Zu sehr waren Ehrgeiz und Hoffnungen hier und dort hochgekocht. Griechenland kam nicht zur Ruhe.

Athen verlor alles Maß. Es folgte der Empfehlung des Alkibiades, gegen Sizilien zu ziehen. Er fand, Athen müsse weiter vorangebracht werden.[51] Verharre es, so würde es sich selbst aufreiben. Sein Können werde vergreisen; kämpfe es dagegen, stecke es sich immer weitere Ziele, so werde es immer neue Erfahrung und kriegerisches Vermögen dazugewinnen. Alkibiades setzte mithin ebenso sehr, wenn nicht mehr als auf Athens große Macht auf seine Zuversicht, die Kraft seines Willens. Sie hatte schon in den Perserkriegen vieles vermocht. Durch Urteil und Entschlossenheit mehr als durch Glück, durch Wagemut mehr als durch Macht, soll Perikles bemerkt haben, habe man damals gesiegt (Thukydides 1,144,4). Und letztlich war es ja in diesem Sinne weiter-

---

50 Plutarch, Perikles 32. Diodor 12,39,2.
51 Thukydides 6,18,6 f. Ch. Meier, Entstehung des Politischen 463,67.

gegangen. Darauf zielten die Bemerkungen, die Thukydides den Korinthern in den Mund legte: „Wagen und Hoffen ist für sie eines. Sie sind gewohnt, auch über das Maß ihrer Kräfte hinaus zu wagen und wider vernünftige Einsicht die Gefahr zu suchen, noch in gefährlicher Lage guter Zuversicht" (1,70,3).

Man hatte wenig Chancen, wenn man den Athenern riet, sich nicht in immer neue Abenteuer zu stürzen. Thukydides bemerkt schon zum Jahre 424 einmal: „So verlangten sie, daß ihnen nichts in den Weg trete, sondern daß sie das Mögliche wie das kaum Erreichbare mit großer wie mit kaum zureichender Rüstung ins Werk setzen könnten" (4,65,4. Vgl. 6,9,3). So gaben sie nach Niederlagen gern den kommandierenden Feldherrn Schuld und verurteilten sie in höchst ungerechten, zum Teil geradezu rechtswidrigen Verfahren. Im Jahre 406 war es besonders skandalös. Da hatte Athen nicht einmal eine Niederlage erlitten, vielmehr hatte seine Flotte bei den Arginusen einen glänzenden Sieg erfochten. Während die einen die flüchtenden Schiffe der Spartaner verfolgten, konnten die andern aber wegen eines Unwetters kaum einen von den Mannschaften der im Kampf versenkten Schiffe retten. Allesamt wurden sie daraufhin, sofern sie zurückgekehrt waren, zum Tode verurteilt. Alle Regeln zugunsten der Angeklagten wurden beiseitegewischt. Der Demos darf, was er will, hieß es[52], was man kurz darauf bereute. Nur war das schon zu spät, weil die Urteile sofort vollstreckt worden waren.

Nach dem Scheitern in Sizilien war der Krieg kaum mehr zu gewinnen. Was die Athener aber nicht begriffen. Sie suchten Kraft zu schöpfen aus dem, was ursprünglich Zuversicht gewesen war, inzwischen aber mehr und mehr zum Trotz derer wurde, die die letzten Kräfte aufboten, weil sie nicht aufgeben wollten – oder konnten? Offensichtlich also war die attische Volksversammlung in diesem Krieg, als Athen seine Überlegenheit einbüßte, nicht mehr in der Lage, die notwendigen Konsequenzen zu ziehen.

---

52 Xenophon, Hellenika 1,7,12. Interessant ist, daß bei der Bemannung der Flotte auf die letzten Reserven zurückgegriffen worden war, insbesondere auch Männer aus den höheren Schichten waren für die Flotte mobilisiert worden (1,6,24). Hat das eventuell den Zorn der Athener stark angeheizt?

Die immerhin sich bietenden Gelegenheiten zu glimpflichen Friedensschlüssen nahmen sie nicht wahr, bis sie sich schließlich in die äußerste Enge hatten treiben lassen. Jeweils hatten Demagogen das große Wort. Thukydides' Urteil über sie könnte aus der Rückschau von diesem Fiasko aus auch für die vorangegangene Zeit, ja für den attischen Demos überhaupt, mitbestimmt gewesen sein.

Es mag sich die Frage stellen, wie weit eine solche Totalverbiesterung nach langer Erfolgsgeschichte (ja Erfolgsgewöhnung) ein Spezifikum der attischen Volksversammlung war. Tat sich hier ein Manko der Demokratie oder eher eines der verzweifelten Situation auf, in der nach unendlichen Opfern irgendetwas daran hindert, sich rechtzeitig mit der Niederlage abzufinden? Jedenfalls war die Volksversammlung damals vermutlich weit überfordert, gewiß mehr, als es ein Adelsregime gewesen wäre.

Die Oligarchie der „30 Tyrannen" aber, die sich nach der Niederlage in Athen etablierte, erwies sich als derart verbrecherisch und unerträglich, daß die Verfechter der Demokratie bald wieder die alte Ordnung – modifiziert – wiederherstellen konnten. Mit Spartas Hilfe wurde eine Amnestie beschlossen und beschworen, die, zumindest aufs Ganze gesehen, in einer für Griechen geradezu erstaunlichen Weise wirklich Erfolg hatte.[53] In den folgenden Jahrzehnten wurden zwar gelegentlich noch alte Träume attischer Macht wach. Doch wird man im Ganzen festzustellen haben, daß die attische Demokratie eine relativ vernünftige Politik betrieb. Auch der Wohlstand kehrte rasch zurück.

Daß das „Reich", zu dem der attische Seebund ziemlich schnell mutiert war, auf die Dauer nicht zu halten gewesen wäre, ist nicht zu bestreiten. Was immer man zu seinem zumindest eingeschränkten Fortbestand hätte ersinnen oder ins Werk zu setzen versuchen können. Das aber mußte – und konnte – die attische Volksversammlung während des fünften Jahrhunderts kaum wissen; es sei denn, sie erfuhr es unter schrecklichen Verlusten. Woraus sie dann aber am Ende eine Lehre zu ziehen vermochte.

Insgesamt wird man feststellen können, daß die unbekannten Athener nicht nur ihre Demokratie gut auszubauen, zu bewahren und zu

---

53 Ch. Meier, Das Gebot zu vergessen und die Unabweisbarkeit des Erinnerns. Vom öffentlichen Umgang mit schlimmer Vergangenheit. 3. Aufl. München 2010. 15 ff.

praktizieren vermochten, sondern daß die Politik ihrer Stadt, über lange Strecken hin, bei ihnen in guten und, wenn man das so formulieren darf, verständigen Händen lag. Zumindest relativ; denn ein gewisses Ausmaß an Torheit soll ja wohl in den verschiedensten Regierungsformen vorkommen. Man darf den Athenern nicht abverlangen, daß sie Übermenschliches leisteten. Sie verdienen jedenfalls großenteils die Geringschätzung nicht, mit der so manche Adlige damals, Platon an ihrer Spitze, aber auch Thukydides, sie betrachteten.

***

Wir besitzen einen großen Quellenkomplex, der zwar kein direktes Zeugnis für das politische Urteilsvermögen der Athener darstellt, dem aber doch für das intellektuelle Niveau, die geistige Kapazität, die politische Wachheit und das Fragepotential der attischen Bürgerschaft einiges entnommen werden kann. Diese Quellen stammen zwar so wenig wie fast alle anderen literarischen Werke der Antike von Angehörigen der Mittel- oder Unterschicht. Doch sind deren Angehörige in ihnen zumindest als Rezipienten präsent, nämlich in Aischylos', Sophokles' und Euripides' Tragödien.

Jedes Jahr wurden Ende März auf dem Fest der Großen Dionysien neun Tragödien aufgeführt, je drei von drei Dichtern. Wer daran teilhaben wollte, hatte seine Texte um die Mitte des vorangehenden Jahres (nämlich zum Beginn des attischen Amtsjahrs) einzureichen. Es gehörte zu den ersten Geschäften des neuen Archons, wohl mit Hilfe einer Kommission drei dieser Dichter auszuwählen und ihnen „einen Chor zuzuteilen": Ein reicher Bürger hatte als Chorege Chor und Schauspieler sowie alles andere, etwa die Bühnenausstattung zu finanzieren. Für die Vorbereitung stand fast ein Dreivierteljahr zur Verfügung.

Das (im fünften Jahrhundert erweiterte) Theater bot etwa 14000 Bürgern Platz (mehr als doppelt so vielen als damals die Pnyx). Zwar war die Teilnahme nicht auf die Bürger beschränkt; ob auf Männer, ist eine Streitfrage. Doch müssen die männlichen Bürger den weit überwiegenden Teil der Anwesenden gestellt haben. Es ist möglich, daß die Aufführungen anschließend noch in einigen der zahlreichen attischen

Theater außerhalb der Stadt Athen wiederholt wurden[54]. Sie waren jedenfalls Sache nicht eines speziellen Theaterpublikums, sondern der Bürgerschaft, die mit ihnen ein großes Fest der Polis für den Gott Dionysos beging.

Zwischen den Dichtern wurde ein Wettbewerb ausgefochten. Als Schiedsrichter fungierte eine Kommission von zehn Männern. Um Bestechungen zu erschweren, wurden von deren Stimmen fünf durch das Los ausgesondert, aus denen dann das Ergebnis ermittelt wurde. Die Sache wurde also äußerst wichtig genommen. Da bei der Beurteilung der Tragödien die Reaktion der Zuschauer eine bedeutende Rolle gespielt haben muß, können sie nicht an der Bürgerschaft vorbeigedichtet worden sein. Man kann aus den überlieferten Werken also auf die Rezipienten schließen.

Attische Tragödien waren keineswegs politische Tendenzstücke. Das hätte vermutlich der Eigenart des Fests widersprochen. Auch wußten die Dichter zur Zeit ihrer Abfassung nicht, wer als Archon über ihre Zulassung zu entscheiden haben werde. Doch nahmen sie immer wieder auch Fragen auf, die die Polis Athen und ihre Bürgerschaft im allgemeinen oder im besonderen beschäftigt haben müssen.[55]

Das beginnt bei zahlreichen Anspielungen, kurzen Seitenblicken gleichsam auf Dinge, die gerade aktuell waren. Es setzt sich fort, indem sich ein Dichter wie Aischylos in seinen Hiketiden ein mythisches Geschehen (vielleicht auch einen Aspekt, der an einem solchen Geschehen herausgearbeitet werden konnte) vornahm, weil sich darin eine Problematik seiner Gegenwart – wie etwa der Agitation um die Heraufführung der Demokratie in Athen – durchspielen ließ.[56]

In der Orestie unternimmt er es gar, angesichts des gerade erfolgten Umsturzes und der in Folge davon sich aufladenden starken Spannungen in Athen einen Generationen übergreifenden Ablauf aufzuführen: Von der Ohnmacht der Polis angesichts der unausweichlichen Verquikkung von Rache und Widerrache in ihrem Königshaus zu ihrer Befähigung, der Problematik durch eine verbindliche Entscheidung beizukommen – samt all den Folgen, die sich daraus ergeben konnten, neuen

---

54 Das müßte sich aus Herodot 6,21,2 ergeben.
55 Dazu Ch. Meier, Die politische Kunst der griechischen Tragödie. München 1988.
56 Vgl. u. S. 71 ff.

Parteiungen, dem gefährlichen Protest und Aufruhr der Unterlegenen, der dann aber eine Lösung findet in Verhandlungsgeschick und beschwörenden Mahnungen zu Versöhnung sowie zu Einigkeit nach außen. Die Götter werden in das Spiel einbezogen. Athena und Apollon sind anwesend auf der Bühne. Sie berufen sich auf Zeus. Ja, offenbar sind auch sie von dem, was auf Erden passiert, tangiert: Junge Götter stehen auf einmal gegen alte. Der Wille der Götter wandelt sich, entsprechend verändern sich auch die Dinge auf Erden. Eins kann offenbar nicht ohne das andere sein. Das also konnte man den attischen Bürgern zumuten, diese Verknüpfung von Zusammenhängen müssen sie zumindest zu guten Teilen und annähernd verstanden haben; davon konnte vielleicht sogar eine beruhigende Wirkung ausgehen.

Im Prometheus geschieht sogar das Unerhörte, daß Zeus selbst, und zwar nachdem er die Herrschaft über die Welt usurpiert hat, sich ändern muß, um diese Herrschaft auf Dauer zu sichern. Man wußte inzwischen offenbar einiges über den Unterschied zwischen Usurpierung und Sicherung von Herrschaft.

Sophokles macht in der Antigone die Autonomie des Einzelnen zum Thema, welche herausgefordert wird angesichts der Ansprüche einer „modernen" Polis auf Einhaltung von Gesetzen, die im Widerspruch zum wohlbegründeten ungeschriebenen Recht stehen (auch die Freund- Feindunterscheidung zu weit treiben). Im Hintergrund könnte jener Wandel stehen, der sich im fünften Jahrhundert vollzog, der vielleicht gerade damals deutlich bewußt wurde: Der Rechtsbegriff Nomos hatte einen Komplex von Sitte, Brauch, Herkommen bezeichnet. Dieses oder jenes Gesetz (oder auch ganze Gesetzgebungscorpora wie dasjenige Solons) mochten darin inbegriffen gewesen sein. Mit der Zeit aber nahmen die Gesetze samt der Willkür der Gesetzgebung immer mehr zu. So wurde all das, was ursprünglich im Zentrum gestanden hatte, über den Rand hinausgeschoben, so daß es nun als *ágrapta nómima* oder *ágraphoi nómoi*, also grob gesagt, ungeschriebene Gesetze etikettiert werden mußte. Ein ungeheurer Vorgang, auf den Sophokles in der Antigone anzuspielen scheint.

In einem berühmten Chorlied wird bei dieser Gelegenheit zudem das damals bewußt werdende vielfältige, das unheimliche Vermögen der Menschen, immer Neues zu erfinden, beschworen. Es kann, wie es hier heißt, sowohl zum Guten wie insbesondere auch zum Schlechten genutzt werden. Ein zweites Chorlied erinnert an die Gefahren der Verblendung: Es scheint dem das Schlimme manchmal gut zu sein, dem ein Gott die Sinne zum Unheil lenkt. Unheimlich. Die Bürger Athens müssen es verstanden haben: Wie verhielt sich die Großartigkeit der Stadt und ihrer politischen, intellektuellen, technischen, künstlerischen Möglichkeiten und Erfolge zu dem, was man von den Göttern zu wissen, was von ihnen befürchten zu müssen meinte; daß sie nämlich Menschen nicht zu groß werden ließen?

Und so könnte man fortfahren. Sophokles' König Ödipus zeigt einen Machthaber, der Großes vollbracht hatte und durchaus sehr klug auf das Beste für seine Stadt bedacht war, der dann aber alle, die sich ihm in den Weg zu stellen scheinen, abkanzelt, unter rüden, aus der Luft gegriffenen Verdächtigungen, um schließlich in der Entlarvung seiner selbst zu stranden. Ein grandioses Beispiel zunächst pathologischen Lernens, sodann des Sturzes eines mit unglückseligem Schicksal belasteten unschuldigen Großen ins Nichts.

Der Dichter nimmt in einem Chorlied die verhängnisvolle Hybris aufs Korn, welche die Begrenztheiten der Menschheit hinter sich läßt. Es klingt ähnlich wie in Goethes Gedicht Grenzen der Menschheit: „Hebt er sich aufwärts/und berührt/mit dem Scheitel die Sterne,/nirgends haften dann/die unsichern Sohlen,/und mit ihm spielen/Wolken und Winde". Der Chor steigert sich zu der ungeheuerlichen Konsequenz, dadurch seine eigene Funktion in Frage gestellt zu sehen: „Wenn, wahrlich, solche Handlungen (der Hybris) in Ehre stehen, was soll ich dann noch tanzen und singen?" (896) Es ist, wie wenn dann die Grenzen eingeebnet worden seien (oder zu werden drohten), innerhalb derer allein die Tragödie ihren Sinn, ihre Funktion erfüllen konnte.

Euripides brachte sowohl stolze Bekundungen der attischen Demokratie, ihrer Freiheit, die sie etwa motivierte, Notleidenden Hilfe zu bringen, wie auch die ganze Sinnlosigkeit von Kriegen auf die Bühne; das Elend der Besiegten, die entfesselte Grausamkeit der griechischen Sieger in Troja sowie die Fragwürdigkeit des Siegs (dem der Untergang vieler von denen folgt, die ihn errungen hatten) – bis er am Ende des Peloponnesischen Krieges im Orest die totale Perversion dessen zeichnete, was einst Heldentum in seiner Größe, auch der Größe seiner Leiden ausgemacht hatte. Alles wird billig, alles kleinlich, auch lächerlich; sinnlos. In den Bakchen schließlich wird die Verwirrung, in die eine Stadt stürzen kann (wie das Athen am Ende des Krieges, das nicht mehr aus noch ein wußte), zum Thema: Es stoßen nicht mehr nur grundverschiedene Auffassungen und Positionen aufeinander, sondern geradezu zwei Vernünfte, zwischen denen es keine Brücken gibt. Da scheint der Anspruch auf Sinn, auf Zusammenhang (und sei er noch so bitter), auf Begreifen des Geschehenden vollends ins Leere zu laufen.

Doch weit über das hinaus, was einen deutlichen Bezug auf Politik und politische Lage im damaligen Athen hatte, sahen sich die attischen Bürger in den Tragödien unter stets neuen Aspekten der Problematik menschlichen Handelns und Scheiterns ausgesetzt. Dem ganzen Ernst, auch der Tücke des Lebens. Dem Ehrgeiz, dem Stolz, der Größe wie der Borniertheit von Helden, ihrer möglichen Kurzsichtigkeit, ihrer eventuellen Verblendung, den Konstellationen, in denen sie sich zu bewegen hatten (und oft nicht richtig bewegen konnten), den Aporien, dem Scheitern (und der möglichen Größe des Scheiterns) etc. Es war ein entrücktes und zugleich nahes, großes, eindrucksvolles Bild all des Schicksalhaften und der Verwicklung dahinein, der – und sei es ohnmächtigen – Versuche zur Bewährung darin, kurz: es vollzogen sich hier, im Dionysostheater, vor den attischen Bürgern Prozesse, innerhalb derer sie aufs Großartigste, Berührendste, Spannungsvollste Variationen dessen miterleben konnten, was sie selbst erfuhren, was ihnen so leicht keine Ruhe ließ – was für sie bedeutungsvoll war und woran sie so viel über Menschengeschick lernen konnten.

Dies alles – man könnte es noch in verschiedene Richtungen weiter ausführen – hätte unter den Bedingungen des attischen Dionysosfests kaum dargeboten werden können, wenn die unbekannten Athener, Hoch und Niedrig, nicht zumindest zu guten Teilen mit großer Aufmerksamkeit, guten Kenntnissen, viel Verstand, Einfühlungsvermögen und Lebensernst, ja zutiefst „engagiert" in Erschütterung und Rührung all dem hätten folgen können, was sich dort vollzog. Das heißt, wenn sie nicht außer der Politik samt der Kriegführung, nein: in Politik und Krieg zugleich all das zu bedenken vermocht hätten, was an ihrem Ausgreifen, ihrer Macht, ihren Siegen, ihrer Größe, ihrer Willkür, ihren Ratlosigkeiten im Spiegel ihrer Mythen, ihrer Vorstellungen von göttlichem Wirken höchst problematisch erscheinen mußte.

In einer tieferen Schicht geht es in den Tragödien darum, an den Götter- und Heldenmythen allgemeinere Probleme durchzuspielen, denen man konfrontiert war angesichts der breiten Kluft, die sich auftat zwischen all dem, was man im fünften Jahrhundert neuerdings vermochte und erfuhr, und dem, was man seit alters von Götterwillen und Menschengeschick „wußte". Oder zumindest befürchten zu müssen meinte.

Die Griechen hatten ja keine Priester, die mehr auszurichten gehabt hätten als den Vollzug von Kulten und eventuell die Deutung von Zeichen. Es gab keine Dogmen, welche bestimmte Handlungsweisen vorschrieben; keine Schulen mit Religionsunterricht. Was man von den Göttern, von Menschenschicksal, rechtem Verhalten etc. „wußte", ergab sich aus den Erzählungen zu Hause (auch aus denen von Ammen), vielleicht aus väterlichen Lehren, im übrigen aus der eigenen Erfahrung, dem Gespräch mit anderen etc.

„Warum flattert immerzu diese Angst, die nicht weichen will, vor dem Seherblick des Herzens?", singt der Chor im Agamemnon (975). „In meinem Innern, das zur Gerechtigkeit drängt, vollführt mein Herz einen wirbelnden Tanz" (990 ff. Ähnlich auch: Eumeniden 522 ff.). Das Herz weiß da mehr als der Kopf. Es macht sich geltend – und spürt Dinge, die der Verstand nicht so einfach wahrnimmt, die es aber der eigenen „tieferen" Vorstellung nach gibt, die sich bemerkbar machen in alten „Kenntnissen" vom Willen (oder auch der Tücke) der Götter, von Recht und Unrecht und die hier zur Sprache kommen – vor aller Augen.

Die Tragiker arbeiteten gleichsam an der mentalen Infrastruktur Athens. Das – mit Max Weber zu sprechen – „nomologische Wissen", das Wissen davon, wie es in der Welt, wie es unter den Menschen in aller Regel zugeht, das Grundwissen, auf das man zu beziehen pflegt, was man tut, was man erfährt, was man leidet, stand in Frage[57], da das ungeheuerliche Athen, sein Aufstieg, seine Macht und seine Politik so viele Regeln durchbrach (und da das auch lange gut ging). Was von den Sängern seit alters überliefert war, erfuhr dabei – angesichts der Probleme, denen man konfrontiert war – geradezu eine „Vergrimmigung" (Jacob Burckhardt).[58]

Kann es sein, daß die unerhörte Beanspruchung der damaligen Athener durch Politik und Krieg wie durch all den Wandel, all das

---

57 Max Weber, Gesammelte Aufsätze zur Wissenschaftslehre. 3. Aufl. Tübingen 1968. 192. Auch: 172. Gutes Beispiel 167. Ferner Ch. Meier, wie o. Anm. 55. 43 ff. sowie: Von Athen bis Auschwitz. Betrachtungen zur Lage der Geschichte. München 2002. 206 ff.
58 Griechische Culturgeschichte 2. München/Basel 2005. 351.

Neue, das für sie damit verknüpft war, geradezu ein Bedürfnis nach dem, jedenfalls eine große Aufgeschlossenheit für das erzeugte, was ihre Tragiker ihnen stets neu vor Augen führten? Im Sinne all dessen, was Theater (und Literatur), einige Offenheit vorausgesetzt, an Phantasie, an Einfühlung, an Möglichkeitssinn, an Welt-, Menschen- und Situationsverständnis, aber auch an Distanzierung vom jeweiligen Alltag, an Verstehensanspruch, an- (und auf)zuregen vermag?

Wir haben auch Anhaltspunkte dafür, daß vieles aus den Tragödien im Gedächtnis unbekannter Athener präsent blieb. Nicht wenige Soldaten, die nach der sizilischen Expedition in Gefangenschaft gerieten, konnten ganze Partien des Euripides auswendig.[59] Aristophanes konnte in seinen Fröschen auf manches anspielen, was das Werk des damals schon seit rund 50 Jahren verstorbenen Aischylos auszeichnete.

Wie ja auch Herodots Historien und die Lehren der Sophisten vielerlei Interesse gefunden haben müssen. Man lobte den guten Sinn der Athener für ihre Sprache. Und das heißt doch wohl auch für alles, was damals in der Öffentlichkeit verhandelt wurde.[60] Und wozu hätte Perikles (der Quelle zufolge gar aus eigenen Mitteln) das Odeion errichten lassen, wenn er nicht auf breites Interesse für Vorträge, Konzerte und Gesang hätte rechnen können – im größten überdachten Gebäude der griechischen Antike, von acht Säulenreihen getragen?[61]

Karl Reinhardt hat bemerkt, es diene „zum Ruhme des Kleinbürgers, wenn im sakralen Wettbewerb des attischen Theaters Dichter wie Euripides und Sophokles sich halten, sogar siegen konnten. Es dient zum Ruhme des Kleinbürgers, wenn Sokrates nicht nur unter den jungen Aristokraten, sondern auch in eben derselben Schicht, aus der er kam, unter den Handwerkern und kleinen Leuten – was Platon verschweigt – als Philosoph auf seine Kosten kam".[62]

Neben den vier Hinsichten, in denen die Athener während des fünften Jahrhunderts in Krieg, Politik und Ausbildung der Demokratie Herausragendes geleistet haben, ist jedenfalls als fünfte anzuführen, was sie alles an Kunst und Dichtung sowie schließlich Philosophie hervorbrachten.

---

59 Plutarch, Nikias 29, 2 ff.
60 Diodor 12,53,3.
61 Plutarch, Perikles. 13,9.
62 Wie o. Anm. 9. 260 f.

Vielleicht sollte man sich da gar fragen, wie weit speziell die attischen Tragiker durch das große Interesse, die starke Resonanz sowie die Fragen und lebhaften Erwartungen der attischen Bürgerschaft geradezu angeregt, ja angespornt wurden, jedenfalls ganz wichtige Anstöße erfuhren. Es mag ähnliches auch der großartigen Entfaltung der Rhetorik und der Sophistik zugutegekommen sein, welch letztere damals bezeugtermaßen außerhalb Athens, aber doch wohl auch in der Stadt, außerordentliches Interesse weckte.

„Wir bewundern die Tragödien der alten Griechen; allein recht besehen, sollten wir mehr die Zeit und die Nation bewundern, in der sie möglich waren als die einzelnen Verfasser", liest man in Goethes Gesprächen mit Eckermann am 3. Mai 1827.

Es gehört zu den Eigenarten, ja den Ironien der Kulturbildung des so absonderlichen Menschenschlags der Griechen, daß sich – nach den Perserkriegen als dem letzten großen Impuls vom Orient her – unter ihnen so etwas wie ein Reich nur halten konnte unter einer radikalen Demokratie – und eine radikale Demokratie nur in der Konsequenz eines Reiches (bevor sie sich dann einwurzelte und noch über größere Teile des vierten Jahrhunderts bestehen blieb). Und daß gerade unter den Auspizien einer solchen Demokratie diese Kultur die stärksten Impulse erfuhr, auch, gerade auch durch die, die der Demokratie sehr skeptisch gegenüberstanden – mit ungeheuerlichen Nachwirkungen. Was das bedeutet, ist – zumindest beim gegenwärtigen Erkenntnisstand – kaum auch nur annähernd zu ermessen. Mußte die Kultur um der Freiheit willen, die sich an der von so vielen kleinen selbständigen Poleis besetzten Ägäis herangebildet hatte, vielleicht wirklich all die Herausforderungen einer Großmacht wie einer radikalen Demokratie, die Erfahrungen ganz außerordentlichen Könnens, unendlichen Leids und quälender Verantwortung breiter Kreise bestehen, verkraften und auf vielfältige Weise fruchtbar machen, wenn sie jene Kapazität erlangen wollte, die es brauchte, um schließlich – vermittelt über Makedonen und Römer – einen ganzen weiten „Kulturkreis" zu erfüllen – mit all den Verwicklungen und Folgewirkungen (nicht zuletzt gerade auch dessen, was die unbekannten Athener dazu beitrugen), die sich schließlich daraus ergaben?

***

Ein gutes Stück über das hinaus, was wir den Tragödien für die unbekannten Athener entnehmen können, scheint die Rede auf die Gefallenen des Jahres 430 zu gehen, welche Perikles nach Thukydides gehalten hat (2,35 ff.). Er faßt seine Ausführungen zusammen, indem er, aufs Ganze gesehen, seine Stadt als „Schule von Griechenland" bezeichnet. Darauf heißt es: „Auf den Einzelnen besehen, will mir scheinen, daß sich bei uns derselbe Mann in Hinsicht auf die meisten Dinge und mit Formen der Anmut höchst gewandt als eigenständige Persönlichkeit (*sōma autarkés*) erweist" (2,41,1).

Autarkie, also selbst über alles, was man braucht, zu verfügen, war ein altes Ideal. Doch war es, wie Herodot (1,32,8) schreibt, nicht erreichbar. Keine Stadt, geschweige denn eine einzelne Persönlichkeit (*sōma*) sei autark (*autarkés*). Alle sind auf andere angewiesen. Thukydides nimmt offensichtlich darauf Bezug. Er scheint dem Wort aber einen allgemeineren Sinn zu geben, etwa „allen Anforderungen gewachsen". Und dazu sollten anscheinend alle Athener befähigt sein.

Auch Anmut war ein altes Ideal.[63] Sie eignete am ehesten Männern aus der Oberschicht. Die wurden dazu erzogen. Denn sie hatten schön zu sein, und Anmut bietet gegebenenfalls einen Ersatz für das, was manch einem die Natur versagt, denn sie „ist eine Schönheit, die nicht von der Natur gegeben, sondern von den Subjekten selbst hervorgebracht wird" (Schiller). Schon bei Homer wurde den tapferen Kriegern immer wieder auch Schönheit attestiert. In dem eigenartigen, während des fünften Jahrhunderts aufgekommenen Adelsideal der Kalokagathie war das Schöne (*kalón*) aufs Engste mit dem Vortrefflichen (*agathón*) verknüpft. *Charientes*, wörtlich: Anmutige, ist eine der Bezeichnungen für Adlige, für feine Menschen, Teil und Äußerungsform ihrer Überlegenheit.

Wenn Anmut hier zugleich den übrigen Athenern zugesprochen wird, so könnte sich das darauf beziehen, daß viele von denen nun ebenfalls im Sport sich elegant bewegen, aber vielleicht auch sich mit einer gewissen Geschliffenheit des Ausdrucks auf der Agora und in der Volksversammlung zu äußern gelernt hatten.

Eigentümlicherweise kennzeichnet Anmut auch den zentralen Teil des feierlichen Panathenäenzuges, gleichsam der Selbstdarstellung der

---

63 Ch. Meier. Politik und Anmut. Berlin 1985. Überarbeitet: Stuttgart/Leipzig 2000.

attischen Bürgerschaft, wie er auf dem berühmten Parthenonfries begegnet. Es fehlen dort die Hopliten, die Metöken und andere, die nachweislich dabei zu sein pflegten, von den Ruderern ganz zu schweigen. Stattdessen erscheint auf mehreren Metopen die Kunst adliger Reiter, in Freiheit, ja Übermut, Gelassenheit und Ordnung. Sie bildete gewiß einen Höhepunkt der Prozession. Doch daß sie am Parthenon fast das ganze Bild des Zuges beherrscht, hat auf den ersten Blick etwas Befremdendes. Zumal der Bau und die Ausstattung des Tempels nicht einfach den Künstlern überlassen war, sondern durch demokratische Kommissionen kontrolliert wurde. Hat sich die Bürgerschaft also in irgendeinem Sinne mit dieser Anmut jedenfalls als Ideal identifiziert? Oder war die „Anmut" wie die „Autarkie" bei Perikles einfach Ausdruck der Souveränität, mit der die attische Bürgerschaft allen Anforderungen gewachsen war? Einer großen Polis angehörend und aufgewachsen mit einem Ethos, das dieser Größe die Waage hält, wie es an einer anderen Stelle heißt (2,61,2)?

Thukydides läßt Perikles fortfahren: „Und daß dies nicht eher bloßes Prunken ist, wie es sich gerade so einstellt, als vielmehr tatsächliche Wahrheit, bezeugt die Macht unserer Stadt, die wir aufgrund solcher Sinnesart erworben haben" (2,41,2).

Man fragt sich, ob die Macht Athens nicht eher seiner Flotte verdankt wurde und die damit verbundene Sinnesart nicht eher in Tapferkeit und vielleicht kluger Planung bestand. Wie konnte Thukydides solche Feststellungen Perikles in den Mund legen?

Schon kurz vorher hatte er ihn eine doch wohl mindestens ebenso kühne Behauptung aufstellen lassen: „Wir lieben das Schöne und Rechte (*kalón*) ohne großen Aufwand und wir lieben das Streben nach Erkenntnis (*sophón*) ohne Weichlichkeit" (2,40,1). Wird hier also all der Glanz, all die Klugheit, die Kunst und warum nicht auch eine vielfältige Menschenbildung, die die Athener, bekannte wie unbekannte, hoch wie niedrig im fünften Jahrhundert entfaltet haben mochten, einfach in einen Topf geworfen und mit der Macht der Stadt in eins verrührt? Zum Preis der Gefallenen?

Ein Wunder bleibt es ja allemal, was „die Athener" – oder sagt man nicht besser: sehr viele in Athen? – damals auf den verschiedensten Gebieten zustandebrachten. Und das nicht nur politisch und militärisch, sondern in all dem, was gleichzeitig damit aufkam und in der Stadt nicht nur Aufsehen, sondern auch Interesse geweckt haben muß. Das um die weitere Mitte des Jahrhunderts unter griechischen Künstlern, Dichtern, Musikern, Architekten, Intellektuellen und anderen aufkeimende Bewußtsein der Durchbrechung vieler Grenzen, vom neuen großen menschlichen Können[64] muß in irgendeiner Weise auch Teile der Bürgerschaft erfaßt, vielleicht auch in Anspruch genommen haben. Umgekehrt könnte die ungeheure Erfolgsgeschichte des damaligen Athen zu diesem Könnensbewußtsein beigetragen haben. Und wie, um es zu wiederholen, aus Erfolg Zuversicht und aus Zuversicht Erfolg erwuchs, könnte das Überlegenheitsbewußtsein der Athener wohl wirklich aus all dem zusätzlich gespeist worden sein, was Athen damals hervorbrachte und womit es sich ausstattete, worin es sich präsentierte.

Auch mag mitgesprochen haben, daß das Gros des attischen Adels in der großen Zeit der Stadt vielleicht doch relativ gut in die übrige Bürgerschaft eingebettet war. Möglicherweise gab es eine sehr viel engere Zusammenarbeit zwischen Hoch und Niedrig als normalerweise angenommen. Der Adel wurde gebraucht. Er hatte etwas zu sagen. Er war wichtig. Wohl mögen sich manche Adlige, wie schon gesagt, verärgert ins Privatleben zurückgezogen und manch einer mag immer wieder seinen Groll über die Männer aus dem Demos bekundet haben. Und insgesamt entsprach der Demos nicht dem, was man für comme il faut hielt. Nicht wenige andere aber müssen der Rolle treu geblieben sein, die sie und ihre Standesgenossen immer schon gespielt hatten. Ohnehin mußten ja viele, ihres Vermögens wegen, der Stadt dienen, indem sie etwa die Inszenierung von Tragödien, Chören und Festen oder die Ausstattung von Kriegsschiffen finanzierten. Denn man zahlte doch keine Steuern, über die andere dann verfügt hätten, sondern man übernahm diverse Kosten unmittelbar, mit eigenem Engagement und zur eigenen Ehre, zu eigenem Ruhm (der sich mit dem der Stadt durchaus verknüpfen konnte).

Vielleicht sollte man sich mit diesen Feststellungen begnügen, um den fraglichen Satz des Perikles zu verstehen. Daß er übertrieben ist wie so manches andere in dieser Rede, ist damit ja nicht bestritten; solche Übertreibungen werden zum Genus der Gefallenenrede gehört haben. Bemerkenswert ist nur eben, *was* Perikles bei dieser Gelegenheit übertreibt.

---

64 Entstehung des Politischen 447 ff.

Auch nach den nötigen Abstrichen bleibt also wohl genug übrig, um die enge Einknüpfung der unbekannten Athener auch in die Kultur der Stadt während deren Glanzzeit wahrscheinlich zu machen.

Diese Bürger hatten nicht nur Jahrzehnte lang ihre Körper, ihren Schneid, Geist und Verantwortungsbewußtsein den größten Anstrengungen und Gefahren auszusetzen. Sie müssen sich auch aufs vielfältigste herausgefordert gesehen haben, nicht zuletzt dazu, zu begreifen, was sie taten, was sie litten, was sie beanspruchten und ausrichteten. Das ergab eine hochbesondere Weise zu leben, eine besondere Weise auch, Balance zu suchen und zu finden – in all den Beanspruchungen. Kaum auszumachen, was das bedeutete. Doch muß es eben wesentlich beigetragen haben zur Erzeugung dessen, was diese Zeit hervorbrachte, was weiterwirkte – schließlich nur in den Bruchteilen, die davon auf uns gekommen sind.

***

Wir leben in einem Zeitalter umfassender Egalisierung. Zu den vielen Tendenzen, die damit verbunden sind, gehört die Einebnung griechischer Besonderheit. Statt daß die großen Möglichkeiten genutzt würden, um etwa in methodischem Vergleich die Spezifika verschiedener Kulturen schärfer herauszuarbeiten, tendiert man gern dazu, spezifisch Griechisches wie etwa die Demokratie auch für andere frühe Kulturen in Anspruch zu nehmen[65]. Daher mag zum Schluß noch auf die hochspezifische Eigenart hingewiesen werden, die die Griechen von einer

---

65 K. Raaflaub, The „Great Leap" in Early Greek Politics and Political Thought. In: D. Allen/P. Christesen/P. Millett, How to do Things with History. Oxford 2018. 21 ff. Vgl. M. Finley, Antike und moderne Demokratie. Stuttgart 1966. 18: „Die Griechen und nur die Griechen haben die Demokratie entwickelt – in jenem genauen Sinn, in dem Christoph Columbus und nicht irgendein seefahrender Wikinger Amerika entdeckt hat". Ich habe seit meinen ersten Vorlesungen zum Politischen Denken der Griechen (um 1970) Verschiedenes versucht. Einerseits, um griechische Eigenarten im Vergleich mit denen anderer Kulturen schärfer herauszuarbeiten (dazu etwa: Die Welt der Geschichte und die Provinz des Historikers, Berlin 1989), andererseits, um den Sonderweg der Griechen zu begreifen (Die Griechen: Die politische Revolution der Weltgeschichte. In: Saeculum 33, 1982, 133 ff. Auch Provinz 22 f. Ferner: Von Athen bis Auschwitz. München 2002. 68 f. Kultur um der Freiheit willen. München 2009 und öfter). Aber alle Versuche, mit Vertretern ent-

besonderen Ausgangsposition aus an ihrem besonderen Ort, rings um die Ägäis, in besonderer Zeit (etwa der relativen Schwäche der Reichsbildungen im angrenzenden Osten, im Norden sowie im näheren und ferneren Westen) auszubilden und weiterzutreiben vermochten.

Denn wie war all dies, von dem hier bisher die Rede ist, möglich? Doch wohl nur, weil sich die Athener im weiteren Kreis griechischer Poliswelt selbst wie die Griechen überhaupt – schließlich aber wohl mehr als die andern – über einen längeren Zeitraum auf ganz außergewöhnliche Weise herangebildet haben; im Lauf ihrer Kulturentwicklung, gleichsam in deren anthropologischer Dimension. Denn das sind doch zwei Seiten einer Medaille. Wie die Menschen die Kultur, so bildet die Kultur die Menschen – in vielfältigem Wechselspiel; „Kleider machen Leute und solche Leute machen dann wieder solche Kleider" (Musil) –, so daß verständlich wird, warum die Athener schließlich unter den völlig exzeptionellen Bedingungen des fünften Jahrhunderts all das leisten und zustandebringen konnten, von dem eben die Rede war, und noch vieles mehr.

Die griechische unterscheidet sich dadurch von allen andern uns bekannten Kulturbildungen, daß sie um der Freiheit willen erfolgte.[66] Nicht, daß man sich dessen bewußt gewesen wäre. Der Begriff der Freiheit begegnet erst viel später. Aber man tendierte offensichtlich dahin, seine Eigenständigkeit zu pflegen und zu bewahren, möglichst auch nicht beherrscht zu werden. Und eben das hat sich letztlich durchgesetzt.

Nach dem Zusammenbruch der mykenischen Kultur; selbst die Schrift ging damals an der Ägäis verloren, man brauchte sie nicht mehr; und zahlreichen Bevölkerungsverschiebungen fing alles ganz neu an. Gewiß, hier und dort mochten Teile der materiellen Kultur fortleben.

---

sprechender Disziplinen in ein intensiveres Gespräch zu kommen, unter anderm am Wissenschaftskolleg Berlin (vgl. M. Bernett/W. Nippel/ A. Winterling, Christian Meier zur Diskussion. Stuttgart 2008. 310), waren vergeblich. Die Welt der Geschichte ... hat es immerhin zu einer guten Rezension von Jan Ross gebracht (FAZ 5.12.89).

66 Zum Folgenden: Ch. Meier, Kultur um der Freiheit willen. München 2009. Neuere Auflagen 2012. 2019. Auch: Griechen und Europa. Die große Herausforderung der Freiheit im fünften Jahrhundert v. Chr. Universitätsverlag des Saarlands 2011.

Es sollten sich sogar größere politische Einheiten durchhalten, zum Beispiel in Attika. Und es gab einige Erinnerungen, die sich Sänger zu eigen machten und fortdichteten.

Sollte es jedoch Versuche gegeben haben, wieder kräftigere monarchische Herrschaften (samt Bürokratien) zu begründen oder gar mächtige Priesterschaften aufzubauen, so sind sie allesamt gescheitert. Geschweige denn, daß irgendwelche auch nur halbwegs nennenswerten Reiche entstanden wären. Man fand sich vielmehr in Hunderten von mehr oder weniger kleinen selbständigen Gemeinwesen zusammen, welche nebeneinander bestanden (auch wenn gelegentlich die eine von der anderen abhängig wurde). Und dabei sollte es über mehrere Jahrhunderte bleiben.

Die Gemeinwesen wurden zunächst ausgemacht von den jeweiligen Landeigentümern, welche eine beachtliche Eigenständigkeit zu bewahren suchten. Sie wurden angeführt von *basileis*, welches Wort wir mit „Könige" übersetzen, obwohl es sich um wenig mehr als Gemeindeälteste, freilich aus guter Familie, handelte.

Im Zentrum dieser Gemeinwesen stand kein Palast, überhaupt kein beachtliches Gebäude (außer vielleicht einem Tempel), sondern ein leerer Platz. So jedenfalls in den vielen Fällen, die uns bekannt werden.[67] Wohnhäuser und Grabstätten mußten beiseitegeräumt werden, damit die Bürger sich auf einem solchen Platz treffen, aufhalten, miteinander diskutieren, damit sie auch, wenn Bedarf bestand, sich versammeln konnten, um gemeinsam zu beraten und Beschlüsse zu fassen. Es wurde auf der Agora auch Gericht gehalten. Und nicht zum wenigsten: Sie war der Platz für kultische Tänze sowie für vielerlei Sport. Für jenes pflegte dort eine Orchestra zu dienen, für dieses Bahnen für Wettläufe, zumeist in der Verlängerung einer auf die Agora zulaufenden Straße. Der Platz diente in der früheren Zeit aber auch als Ort für Ring- und Boxkämpfe, anscheinend auch für Weitwurf und Bogenschießen. Alt und Jung hatte also vielerlei Anlaß, sich dort regelmäßig zusammenzufinden. Mit der Zeit mochten am Rand der Agora Bauten für Rat und Gerichte sowie für den Aufenthalt im Schatten errichtet werden.

---

67 T. Hölscher, Öffentliche Räume in frühen griechischen Städten, Heidelberg 1998.

Wenn später die maßgebende Beteiligung an der Politik „die Dinge den Bürgern in die Mitte legen" hieß, so fand das auf der Agora einen geradezu handgreiflichen Ausdruck.

Ob sie jeweils allen Bürgern einfach offenstand und in welchem Maße die Bürger dort sich bewegen konnten, wissen wir nicht. Sehr wohl könnten die Wohlhabenden sich dort eher und länger aufgehalten, diskutiert und Sport getrieben haben. Die Mittleren, etwa die, welche sich als Hopliten auszurüsten vermochten, werden zumindest an Volksversammlungen vielfach teilgenommen haben. Kriegsbeschlüsse ließen sich kaum ohne sie fassen. Wie weit die Angehörigen der Unterschichten dort aufzukreuzen oder präsent zu sein wagten, mag davon abgehangen haben, ob Not, Gefahr oder allgemeine Ärgernisse sie dahin zogen (und andere veranlaßten, sie zu dulden).

Die kleinen Gemeinwesen nun, in denen sich die Griechen in früher Zeit einrichteten, wollten sie auch später beibehalten: Was immer der oder jener vielleicht versucht hat, um andere Städte zu unterwerfen respektive der eigenen Polis einzugliedern, aufs Ganze gesehen ist es nicht dazu gekommen, daß größere Machtkomplexe entstanden wären. Man wollte offensichtlich, wiederum aufs Ganze gesehen, keine Eroberungen machen, geschweige denn, daß es zu jenen Ausscheidungskämpfen gekommen wäre, in denen siegreiche Politische Einheiten untereinander rivalisierend zu immer größerem Umfang gelangt wären.

Anders gesagt: Man wollte in den eigenen überschaubaren Gemeinwesen leben, an denen man direkt teilhaben und unter sich bleiben konnte, unvermittelt, gleichsam in voller Körpergröße (bei oft weiten Reisen darüber hinaus). Man tendierte dazu, lieber in kleinen Gemeinwesen groß zu sein, als in großen sich gleichsam aufheben zu lassen.

Als die Bevölkerung zunahm, als jedenfalls das zur Verfügung stehende Land nicht mehr ausreichte für alle, als also ein gewisser Expansionsdrang aufkam, suchte man so gut wie nie in der Nachbarschaft durch Eroberung Boden zu gewinnen. Man gründete vielmehr in weiter Ferne neue Poleis. Die Kolonien übernahmen weitgehend die Form der Mutterstädte, obgleich sie sich zum Teil für weitere Zuwanderer öffneten. Auf Sizilien konnte es dann auch zu einer über die Grenze der Stadt weit ausgreifenden Tyrannis kommen. Doch blieb das die Ausnahme.

Als sich in der Folge die Eigentumsverhältnisse verschoben (unter anderm wegen des Erbrechts), als innerhalb der Poleis die einen dank Erbschaft und/oder Erfolgen in Landwirtschaft, Handel und Seeraub viel reicher wurden, andere dagegen verarmten, sich verschulden mußten und eventuell als Sklaven verkauft wurden, als also große Spannungen und Veränderungen Platz griffen, mochte es in den Gemeinwesen zur Bildung ehrgeiziger Zusammenschlüsse von Adligen, zu Unruhen und Aufständen, auch zu Usurpation von Herrschaft in der Form von Tyrannis kommen.

Auch jetzt aber gelang es (wenn es überhaupt ernsthaft versucht worden ist) nicht, dauerhafte Monarchien zu etablieren, auch keine mächtigen Priesterschaften. Jene Selbstdisziplin, die dazu nötig gewesen wäre, jenen „Zwang, womit man Zwang zu kaufen sich bequemen muß" (Schiller), wollte man offenbar nicht aufbringen. So sehr man Macht zu genießen vermochte, es war eher der Glanz und der Reichtum, wodurch man Rivalen im Wettbewerb übertraf, als jene andere Macht, mit der letztlich diszipliniert Herrschaft aufgebaut – und dann auch ausgedehnt und tiefer begründet – werden kann.

Jacob Burckhardt hat vom Agonalen gesprochen, vom Geist des Wettbewerbs, der alle Griechen (und gerade in früher Zeit) beseelte. Die Einrichtung der großen Wettkämpfe (776 sollen die in Olympia gestiftet worden sein) spricht ebenso dafür wie die entsprechenden Vorrichtungen auf den Agorai. Doch kam noch etwas anderes hinzu, um dem Wetteifer unter den Griechen Stoff zu geben: Die Gemeinwesen waren vielfach zu eng, als daß zumindest die Adligen nicht zugleich die Weite hätten suchen müssen, um etwa ein Stück Welt kennenzulernen, Handel oder Seeraub zu treiben, zumal aber auch vielfältige Beziehungen nach außen zu knüpfen. Gastfreundschaften waren wichtig, die kostbaren Geschenke, die man austauschte, trugen wesentlich zum Renommée bei; man zeigte gern, was einem auf diese Weise zugekommen war. Kurz: Die Adligen lebten zugleich in den Grenzen des eigenen Gemeinwesens wie in den größeren Zusammenhängen der griechischen (und auch außergriechischen) Welt, in der es weniger um politischen Kampf und Einfluß ging als um das Hervorragen in verschiedenen Hinsichten, in denen man einander übertreffen konnte.

Parallel dazu baute sich eine Instanz auf, die diese Welt offenbar brauchte, nämlich das Delphische Orakel. Eine Priesterschaft, aber vor allem die Männer von Delphi, bei denen Ratsuchende einkehrten, und mit denen sie vieles besprachen, gewannen dadurch Einfluß, daß sich dort viel Wissen versammelte, daß Fragen bewußt und Antworten bereitgestellt wurden, die im Endeffekt vielfach Bürgerschaften halfen, wieder auf den eigenen Beinen zu stehen. Die Männer von Delphi wurden von den verschiedensten Seiten in Anspruch genommen. Dankgesandtschaften mochten ihnen über Erfolge ihrer Ratschläge berichten, so daß sie weiter lernen konnten.

Wir finden, verkörpert in den sogenannten (und in Wirklichkeit viel mehr als) Sieben Weisen, einen weiteren Kreis von Männern, zum Teil im Kontakt mit Delphi, die auf Mittel und Wege sannen, um die verschiedenen Krisen zu bewältigen und die darunter leidenden Bürger wieder instandzusetzen, geordnet und rechtmäßig zusammenzuleben. Eine Polis konnte einen von ihnen auf kurze Frist mit besonderen Vollmachten betrauen, damit er das Nötige selbst ins Werk setze. Von einem von ihnen, Pittakos von Mytilene, ist bekannt, daß er meinte, seine Vollmacht länger als vorgesehen bewahren zu müssen (weil die Befriedung der Bürgerschaft mehr Zeit brauche). Im Übrigen hat, soweit wir wissen, keiner von ihnen seine Vollmacht über das ihm Zugebilligte hinaus behalten.

Es mag sehr wohl sein, daß diese Männer im Vorderen Orient oder in Ägypten vielerlei Kenntnisse und Anregungen gewannen, wie ja auch in Dichtung, Kunst und Handwerk vieles von dort übernommen wurde. Stets aber blieben die Griechen dabei, daß sie eigenständig und frei miteinander in ihren überschaubaren selbständigen Gemeinwesen leben wollten. Dazu aber mußten sie, mußten vor allem die nicht unmittelbar in großen politischen Ehrgeiz oder in Not verwickelten „Mittleren" an Einsicht, an Überblick gewinnen, vor allem die Bereitschaft und Fähigkeit entwickeln, für das Ganze einzustehen.

Sie mußten mit der Zeit immer mehr Kenntnisse, immer mehr Offenheit für neue Einsichten, zugleich Möglichkeiten des Zusammenwirkens, horizontale Solidarität über alle Streitigkeiten hinaus, immer mehr auch die Fähigkeit entwickeln, für ihre Gemeinwesen einzustehen; Verantwortung zu übernehmen; selbst darauf achten, daß die Gemeinwesen funktionierten (und die Notleidenden nicht bei Usurpatoren Zuflucht suchten).

Schiller hat am Ende des achten Briefs zur Ästhetischen Erziehung des Menschen für den „zahlreicheren Teil der Menschheit" festgestellt: „Zufrieden, wenn er selbst der sauren Mühe des Denkens entgeht, läßt er andere gern über seine Begriffe die Vormundschaft führen, und geschieht es, daß sich höhere Bedürfnisse in ihm regen, so ergreift er mit durstigem Glauben die Formen, welche der Staat und das Priestertum für diesen Fall in Bereitschaft halten." Genau das war nicht die Sache der Griechen. Und das muß, wie auch immer, wesentlich dazu beigetragen haben, daß sich unter ihnen nicht nur viel Wissen in Hinsicht auf Politik (und so manches andere) sammelte, sondern auch die Bereitschaft zu lernen.

Wo wir etwa in China oder Indien kluge Männer wie Kung Fu Tse auf die Monarchen einreden sehen, wendet sich der große Solon von Athen an die breite Bürgerschaft, um ihr deutlich zu machen, daß und warum sie für die Mißstände selber verantwortlich sei und – selbst in der Lage, Reformen in die Wege zu leiten. Er wird von ihr mit dem dazu nötigen Auftrag samt umfassenden Vollmachten versehen.

Und man findet ihn auch weiterhin die Bürger zum Rechten mahnen. Er macht ihnen Vorwürfe, wie sie später Aristophanes' Herr Demos zu hören bekommt: Als Einzelne, in ihren eigenen Angelegenheiten, seien sie klug wie die Füchse, in der Gesamtheit aber mangele es ihnen an Verstand (8D)[68]. Damals waren sie auf die Schliche des Usurpators Peisistratos hereingefallen. Sie ließen sich betören. Und das sollte kein Einzelfall bleiben. Nachdem Peisistratos nämlich zunächst vertrieben worden war, setzte er zusammen mit anderen von Neuem an, und zwar, wie Herodot findet (1,60,3), „auf höchst einfältige Weise": Eine Jungfrau von entsprechender Statur sei wie die Göttin Athene ausgestattet worden. Sie sei auf einem Wagen nach Athen gefahren, um Peisistratos' Rückkehr zu empfehlen. „Seit alters", bemerkt Herodot dazu, „hatten sich die Griechen von den Nichtgriechen dadurch unterschieden, daß sie schlauer und törichten Einfällen weniger zugänglich waren. Und die Athener galten als die ersten unter den Griechen der Klugheit nach" (1,60,3). Aber sie fielen auf den Trick herein.

Doch müssen sie mit der Zeit dazugelernt haben. In einem wohl längeren Prozeß. Wenn man die Lage stabilisieren wollte, mußte man in verschiedenen, in den unruhigeren Poleis einerseits geeignete Institutionen schaffen. Aber es mußten andererseits auch zumindest nicht geringe Teile der Bürgerschaft instandgesetzt werden, sich gebührend

---

68 Daß dies nicht nur bei einfachen attischen Bürgern, sondern auch bei Gelehrten der Fall sein kann, liest man bei Schiller: G.(elehrte) G.(esellschaft): Jeder, sieht man ihn einzeln, ist leidlich klug und verständig. Sind sie in corpore, gleich wird euch ein Dummkopf daraus.

und nachhaltig zur Geltung zu bringen. Denn es gab keine andere Möglichkeit, keine Instanz innerhalb der Poleis, die dem Machtstreben von Einzelnen und Adelsfaktionen wirksam hätte Grenzen setzen können. Das aber hieß, daß ein größerer Kreis von Männern, vor allem aus den mittleren Bürgerschichten, das Funktionieren ihrer Poleis begriff und sich herausgefordert – und instandgesetzt – sah, sich gegebenenfalls einzuschalten, an Polis und Politik also mitzuwirken. Und zwar gemeinsam. Und regelmäßig. Sie waren für die Polis und ihre Ordnung (und damit für ihre eigenen Rechte) verantwortlich, mußten lernen, sich gegenseitig in ihrer Verantwortung in Anspruch zu nehmen; mußten, um es zu wiederholen, eine horizontale Solidarität generieren.

In Chios finden wir, in einer vereinzelten Inschrift, schon um die Mitte des sechsten Jahrhunderts eine *boulē dēmosiē*, einen „Volksrat", in dem sich offenbar neben dem herkömmlichen Adelsrat eine breite Schicht regelmäßig zu Wort melden konnte.[69] Mit seiner Hilfe konnte die Volksversammlung, welche wie in den meisten Städten gewiß die Amtsträger zu wählen, über Gesetze, Krieg und Frieden und weiteres zu beschließen hatte, großes eigenes Gewicht entfalten, nachdem sie vermutlich bis dahin in der Regel eher unter dem Einfluß von Adligen gestanden hatte.

Unsere Quellen über diese Zeit tröpfeln mehr, als daß sie sprudelten. Doch müssen dem Demos in nicht wenigen Städten während des sechsten Jahrhunderts im Einklang mit politischen Denkern ganz neue Fähigkeiten zugewachsen sein; dank vielerlei Einsichten, dank der Bereitwilligkeit aber auch, davon Gebrauch zu machen. Vor allem muß die Bereitschaft und das Bedürfnis geweckt worden sein, mitzusprechen, und das nicht nur von Fall zu Fall. Und mitzudenken.

Gegen Ende des Jahrhunderts beobachten wir in Athen eine sehr auffällige Bewegung. Peisistratos' Herrschaft hatte sich schließlich etablieren lassen. Sie war vergleichsweise milde, in manchem gar nützlich gewesen, indem sie die wirtschaftlichen Verhältnisse konsolidieren half. Peisistratos' Sohn Hippias führte sie fort, scheint sie zuletzt empfindlich verschärft zu haben. Da gelang es einem in der Verbannung

---

69 R. Meiggs/D. Lewis, A Selection of Greek Historical Inscriptions. Oxford 1969. 14 f.

lebenden Athener, Kleisthenes, Hippias mit Hilfe spartanischer Truppen zu stürzen.[70] Nach der Heimkehr unterlag er im politischen Kampf Isagoras, einem der Adligen, die in Athen zurückgeblieben waren. Daher suchte er, wie es heißt, den Demos für sich zu mobilisieren. Er stellte eine Reform des gesamten Aufbaus, der Organisation und des Zusammenwirkens der Bürgerschaft in Aussicht. Dergleichen Reformen hatte es anderswo schon gegeben: Die Bürger mußten miteinander neu in Konnex gebracht werden, um sich teils unvermittelt, teils vermittelt gemeinsam geltend zu machen, und zwar regelmäßig.

Die Dinge hatten sich verändert. Wo früher Usurpatoren das Volk verschiedentlich herangezogen hatten, um ihm vielleicht wirtschaftliche Vorteile, sich selbst aber die Herrschaft zu verschaffen, konnte jetzt ein Politiker (nur noch?) dadurch großen Einfluß erlangen, daß er das Volk (zumal doch wohl die mittleren Schichten[71]) stärker an der Politik beteiligte. Was in dem so großen Athen besonders schwierig war. Doch muß Kleisthenes erkannt haben, daß es möglich war (und für ihn der einzige Weg, gegen Isagoras und dessen Freunde und Gefolgsleute hochzukommen). Man sollte das Urteil des bedeutenden Mannes über den attischen Demos, das sich darin äußerte, als Zeugnis für eine gewissen Reife und Mitsprachefähigkeit der attischen Bürgerschaft nehmen. Isagoras dagegen rief den spartanischen König zu Hilfe. Der kam mit einem kleinen Aufgebot, offenbar rechnete er nicht mit größeren Schwierigkeiten. Kleisthenes floh, 700 Familien wurden in die Verbannung geschickt.

Darauf geschah, womit wohl keiner gerechnet hatte: Es gab heftige Proteste in der Stadt. „Der Rat", heißt es, hätte aufgelöst werden sollen; sei es der Areopag, sei es, wenn es den inzwischen gegeben hat, ein Volksrat, wie ihn Solon eingerichtet haben soll, setzte sich zur Wehr. Zahlreiche Bürger schlossen sich ihm an. Man setzte den König und andere fest. Er mußte auf freien Abzug kapitulieren. Kleisthenes konnte zurückkehren.

Offenkundig waren jetzt also nicht geringe Teile der attischen Bürgerschaft klug und entschlossen genug, um die Dinge selbst ein gutes Stück weit in die Hand zu nehmen. Ganz spontan (denn die, die sie am

---

70 Herodot 5,63 ff. Auch zum Folgenden.
71 Vgl. Peter Spahn, Mittelschicht und Polisbildung. Frankfurt/Bern/Las Vegas 1977.

ehesten hätten anführen können, hatten Attika doch wohl verlassen müssen). In den Jahrzehnten der Tyrannis müssen viele Athener folglich vieles gelernt, Voraussetzungen politischer Urteilskraft entwickelt haben. Und jetzt sollte eine völlige Ummodelung die Bürgerschaft instandsetzen und motivieren, kontinuierlich und kräftig an der Politik mitzuwirken. Dazu sollte sie aus vielfältigen Abhängigkeitsverhältnissen herausgelöst, selbständig und in der Öffentlichkeit Athens präsent gemacht werden, über die großen Entfernungen in Attika hinweg. Mit Hilfe eines „Volksrats".

Griechische Bürgerschaften waren seit alters in der Regel unterteilt in Phylen, die wiederum in kleinere Einheiten, in Athen in die sogenannten Phratrien zerfielen, welche sich ihrerseits aus den sogenannten Geschlechtern und anderen kleinen Verbänden zusammensetzten. Sie waren Kult- und Solidargemeinschaften. Man wurde in sie hineingeboren. Vermutlich führten sie die Bürgerlisten. Jeweils standen Adlige an ihrer Spitze, stellten die Priester, stifteten die Altäre. In ihnen bestanden gewisse Abhängigkeitsverhältnisse. Wenn jemand angeklagt wurde oder wenn es galt, Blutrache zu nehmen, brauchte man zum Beispiel die Unterstützung der vornehmen Phratriegenossen.

Kleisthenes ließ diese Einteilung bestehen.[72] Doch schuf er zugleich eine andere, die künftig dominieren sollte. In ihr sollten sich die Bürger als Gleiche, frei von Bindungen an Höhergestellte, im kleinen wie im großen erfahren, als Bürger tätig werden und einen bedeutsamen Teil ihres Lebens zubringen.

Die unterste Einheit bildeten die sogenannten Demen, 139 an der Zahl, das waren die einzelnen Gemeinden in Attika sowie Stadtbezirke in Athen samt Piräus und Eleusis. Dort wurde künftig das Register der Wehrfähigen geführt. Auch sie sollten gemeinsame Kulte und Feste haben, aber als Teile der Bürgerschaft (nicht in den Formen aristokratisch dominierter Verbände). Neben dem, wohl jährlich bestellten, Vorsteher gab es Versammlungen der Demengenossen, in denen man eine Demokratie an der Graswurzel praktizierte. Die Einzelnen konnten sich im vertrauten Kreis zu Wort melden, konnten öffentlich reden lernen; hier lag gleichsam die Keimzelle allgemeinen Bürgerseins. Entsprechend

---

72 Ch. Meier, Kleisthenes und die Institutionalisierung der bürgerlichen Gegenwärtigkeit in Athen. In: Entstehung des Politischen 91 ff.

sollten die Bürger neben ihrem eigenen Namen nicht mehr den ihres Vaters, sondern den des Demos führen, dem sie angehörten.

Die Demen entsandten Ratsmänner in den, ebenfalls von Kleisthenes eingerichteten, Rat der Fünfhundert, so daß dort alle Teile Attikas proportional vertreten waren. Da die Ratsmänner sich Jahr für Jahr abwechselten, bildeten sich vielerlei Konnexe zwischen den zum Teil entfernten Gemeinden und dem politischen Leben in der Stadt.

Sie wurden dadurch ergänzt, daß die Demen, um es zu wiederholen, ihrerseits in einer bestimmten Weise in größeren Abteilungen zusammengefaßt wurden, zunächst zu Trittyen, zehn aus der Stadt, zehn aus der Küstenregion, zehn aus dem attischen Binnenland. Aus den so gebildeten dreißig Trittyen fügte Kleisthenes sodann zehn Phylen zusammen, dergestalt, daß jede von ihnen aus je einer Trittys aus der Stadt, der Küstenregion sowie dem Binnenland bestand.

In den neuen Phylen kamen also, wie ebenfalls schon gesagt, Männer aus verschiedenen Landesteilen zusammen, dienten gemeinsam im Aufgebot, das nach Phylen gegliedert war, hatten miteinander zu tun, weil die Verteilung von Rechten (etwa an Überschüssen der Polis) und Pflichten nach Phylen erfolgte. Sie wählten ihren Strategen (den Befehlshaber des Phylenregiments). Außerdem traten künftig auf gewissen Festen der Gesamtgemeinde Phylenchöre auf, und zwar im Wettbewerb untereinander.

Indem die Bürger des einen Demos in ihrer Phyle mit Bürgern anderer Demen aus andern Teilen Attikas zusammenwirkten und indem ihre Nachbarn in den angrenzenden Demen das gleiche mit wieder anderen taten, knüpfte sich durch die gesamte Bürgerschaft ein gewisses Netz der Bekanntschaften, worüber bis dahin nur Adlige verfügt hatten. Nach Aristoteles war das höchst wichtig. Er berichtet[73], Tyrannen hätten dafür gesorgt, daß die Bürger möglichst wenige Beziehungen unter- und möglichst wenig Vertrauen zueinander hegten. Wie weit diese Bekanntschaften reichten, ist schwer zu sagen. Jedenfalls vertiefte sich das Zusammenwirken zwischen Bürgern aus verschiedensten Teilen des Landes im Rat der Fünfhundert, im Kreis derer also, die dort Mitglied waren oder gewesen waren (oder gute Aussichten hatten, es zu werden). Und daß diese Bürgerschaft mit ihrer Hilfe relativ gut zusammenwirken

---

73 Politika 1313a 39 ff. 1326b 16. Platon, Nomoi 738d/e 771d. Andererseits aber auch: Thukydides 8,66,3.

konnte, sollte man annehmen. An die Stelle der vertikalen Solidarität in vielen Adelsgefolgschaften sollte die horizontale der Bürger untereinander treten und gefestigt werden.

Vermittels dieses Rats wurde die gesamte Bürgerschaft präsent in Athen. Sie konnte mitsprechen. Die Bürger konnten ganz anders als bis dahin miteinander Verantwortung für die Stadt, für deren Ordnung sowie für ihr eigenes Recht ausüben, konnten sich orientieren über das, was geschah, und wurden in die Lage versetzt, darauf zu reagieren. Sie wurden wichtig und werden untereinander die entsprechenden Erwartungserwartungen entwickelt haben.

Dank Kleisthenes' Reform konnte, um zusammenzufassen, das Volk von Athen zu einer aktiven Bürgerschaft werden. Seine Mitglieder erfuhren sich ganz neu als Teile eines Ganzen, das es so zuvor nicht gegeben hatte, das sie jetzt miteinander ausmachten. In gewissem Sinne vollzog sich hier, um Max Webers Begriff aufzunehmen, eine „Verbrüderung". Es zog eine „neue Seele" in die Bürgerschaft ein.[74]

Die „einfachen Bürger", praktisch wohl zumal die „Mittleren" zwischen Adel und Unterschicht, gewannen einen völlig neuen Rang. Eine Art von Bürgergleichheit begann sich abzuzeichnen. Es ist möglich, daß der Begriff Isonomie, der um jene Zeit aufkam, auf die damalige attische Ordnung angewandt wurde. Er knüpfte an das alte Ideal der Eunomie an, der „Wohlordnung" im Sinne der Verwirklichung rechten Herkommens, modifizierte es aber im Sinne eben einer „Ordnung der Gleichheit (mit dem Adel)". Und das war das Ziel. Paul Veyne hat zu Recht darauf hingewiesen, daß es auf dem Weg zur Demokratie mehr um die Erweiterung eines Privilegs (der vollen Zugehörigkeit zur Bürgerschaft als aktiver Einheit) denn um die Verwirklichung eines allgemeinen Rechts ging.[75] Gerade die neue Namensordnung machte deutlich, wie sehr man sich als Bürger zu verstehen begann.

Es wurde damit eine Seite der Existenz der Athener stark gemacht, die des Bürgers, dessen also, der teilhat (*metéchei*) an der Stadt, im Kreis derer, um einen andern Ausdruck der Zeit zu benützen, in deren Mitte (*en mésoi*) nun die Angelegenheiten der Polis liegen sollten. Man

---

74 Wirtschaft und Gesellschaft (wie o. Anm. 10) 401. Vgl. Ch. Meier, Bemerkungen zum Problem der „Verbrüderung" in Athen und Rom. In: Ch. M. (Hsg.), Die okzidentale Stadt nach Max Weber. Historische Zeitschrift Beiheft 17. München 1994. 18 ff.
75 Ch. Meier/Paul Veyne, wie o. Anm. 12. 42.

hat dabei zu bedenken, daß das Gros der Athener über das eigene Haus (und Geschäft) hinaus kaum in weitere Zusammenhänge eingeknüpft war. Nun bildete sich für sie eine neue Dimension gemeinsamer Identität, eben die des Bürgers. Sie aktualisierte sich in der gemeinsamen Verantwortung für die Stadt. Grund genug, sich dafür zu engagieren – mit all dem Verstand, den man dafür braucht, der dadurch jetzt neu stimuliert wurde. Mit all den Erwartungen, die man in diesem Sinn aneinander richtete.

Welch ein polisbürgerliches Selbstbewußtsein, ja welch eine neue Kraft aus dieser Verwandlung erwuchs, wurde ziemlich rasch von den Spartanern erkannt: Athen drohte zu dem zu werden, als was es sich im fünften Jahrhundert tatsächlich erwies: die zweite große Macht neben Sparta.

Die Spartaner trommelten also ihre Verbündeten zusammen und fielen in Attika ein. Die Böoter sowie die Männer von Chalkis drückten ihrerseits auf dessen Grenzen. Mit den Spartanern aber kam es gar nicht erst zur Schlacht, weil deren Armee sich auflöste. Unter anderm hatten die Korinther gefunden, daß sie im Begriff seien, „nicht das Rechte zu tun", wie Herodot schreibt. Für sie war es nicht recht, einen Tyrannen oder eine Oligarchie wieder einzusetzen. Sie hatten sich also zurückgezogen und damit das Ende des Feldzugs bewirkt. Böoter und Chalkidier wurden darauf von den Athenern besiegt. Man konnte den Chalkidiern gar Land für 4000 Siedler abnehmen. Und es gab reiche Beute. Herodot schreibt, man sehe daran, welche Kraft von der „Isegorie" ausgeht (5,78). Er nimmt den Begriff, der das Recht des Bürgers, öffentlich zu sprechen, bezeichnet, als pars pro toto. In der Volksversammlung sollte eben alles zur Sprache kommen, was die Bürger als Bürger bedrückte; oder auch: was sie für notwendig hielten. Man sieht daran, um es zu wiederholen, zugleich, woran es vorher gefehlt hatte, was schließlich vermißt wurde; und wie sehr diese Erfahrung fortwirkte.

So bruchstückhaft unsere Überlieferung ist, die Kleisthenische Reform konnte jedenfalls nur gelingen, wenn sehr viele der unbekannten Athener am Ende des sechsten Jahrhunderts bereit waren, sich stark als Bürger zu engagieren, zu nehmen und zu geben. Dazu mußten sie zumindest sehr viel gelernt, ja verinnerlicht haben, aus der Erfahrung der Tyrannis, von adliger Willkür wie im Blick auf andere Städte; auf gute und schlechte Beispiele; aber nicht zuletzt gewiß auch in Fortsetzung vielfältigen, schließlich ermutigenden Nachdenkens über die Polis und ihre Möglichkeiten, dank einer langen Tradition politischen Denkens[76]: Sie mußten in der Regel zusammenwirken, nicht nur wenn es brenzlig war oder sie in ihrem eigenen Lebenskreis betraf. Politik mußte ins Zentrum ihrer Interessen rücken. Sie mußten, dank entsprechender Erfahrungen, eine kooperative Vernunft entwickeln. So scheint es sich ihnen eingeprägt zu haben.

Die Größe des attischen Gemeinwesens, die die regelmäßige Aktivierung der Bürgerschaft eigentlich schwierig machte, mochte andererseits als Stachel wirken, besonders viel Kraft, Schwung und Intelligenz dafür aufzubringen, weit mehr als anderswo notwendig war, was wiederum die eigene Macht erlebbar machte.

Die derart verwandelte Stadt, das heißt die derart verwandelte Bürgerschaft war leichtsinnig und unkritisch genug, auf den milesischen Tyrannen Aristagoras hereinzufallen, als er sie im Jahre 500 beredete, sich an einem aussichtslosen Aufstand von kleinasiatischen Griechenstädten gegen die Perser zu beteiligen. Danach aber war sie bereit, 490 dem persischen Expeditionscorps mutig und mit aller Kraft entgegenzutreten, was ihr bei Marathon den Sieg brachte. Und sie hat, was für die ersten 480er Jahren zwar nicht ganz evident, im Endeffekt aber völlig klar ist, die Politik des Themistokles unterstützt, die in nahezu revolutionierender Weise darauf zielte, daß sich Athen in kurzer Zeit eine große Flotte schuf. Und sie hat all die Mühen auf sich genommen, die es brauchte, damit die auch richtig zu operieren lernte – um bei Salamis zu siegen.

Es ist also, alles zusammengenommen, schwerlich von der Hand zu weisen, daß große Teile der attischen Bürgerschaft sich seit der Mitte oder dem Ende des sechsten Jahrhunderts für Politik nicht nur interessierten, wenn deren Gegenstände für sich genommen interessant waren. Daß sie, dank vielfältiger Teilhabe daran, lernten, politische Zusammenhänge zu verstehen, zu kooperieren, also politische Intelligenz und Urteilsfähigkeit zu entwickeln. Und das schließlich, je mehr Athen zur Großmacht wurde, in wachsendem Ausmaß – samt all dem, was damals

---

76 Dazu Ch. Meier, Ausgangsbedingungen des Politischen Denkens der Griechen. In: Eranos 109. 2016–2018. 13 ff.

offenbar dazugehörte an Aufgeschlossenheit für das Wissen, an Umgetriebensein durch die Fragen der Zeit, wie sie etwa die Tragödie durchspielte, wie sie Herodot und Thukydides und doch wohl auch der neu heranwachsende Intellektuellenkreis der Sophisten sowie Sokrates teilweise beantworteten, teilweise immer weiterverfolgten.

Wenn Herodot die Athener als die Ersten unter den Griechen der Klugheit nach bezeichnet (was sie aber eben im sechsten Jahrhundert weniger waren), so gibt er offensichtlich ein Urteil seiner eigenen Zeit wieder. Er kann damit als weiterer Zeuge dafür beansprucht werden, mit wieviel Intelligenz die unbekannten Athener damals zu Werke gingen, also doch wohl auch Politik zu treiben vermochten. Entsprechend erklärt Sokrates bei Platon (und doch wohl nicht ironisch): „Ich halte, wie es doch wohl alle Griechen tun, die Athener für weise"[77]. Sie hatten schließlich das Bürgersein, die Verantwortung für die Stadt und das dazugehörige Wahrnehmen, Bedenken, das Zuhören und das Entscheiden gelernt. Es wurde ihnen gleichsam zur Natur; je mehr in ihnen die Polis vom politischen Gehäuse zum politischen Subjekt wurde, je mehr sie sich vor allem in die Politik der Weltmacht Athen verstrickten. Je mehr sie sich in der Politik engagierten und dann wirklich – wie Perikles sagt – als Einzige die davon sich Fernhaltenden nicht für ruhige, sondern für unnütze Bürger hielten[78]. Was im 6. und frühen 5. Jahrhundert für die „mittleren Bürger" wahrscheinlich zu machen ist, muß seit Salamis, seit dem Abschluß des Seebunds zunehmend auch die der Unterschicht einbezogen haben. Man ruderte zusammen, stimmte und beriet und lernte zusammen. Wenn der Dichter Simonides bemerkt, die Polis erziehe den Menschen (53 D), so wird man das, und vielleicht gar in besonderer Weise, gerade auch auf die Athener beziehen können.

---

77 Protagoras 319b.
78 Thukydides 2,40,2. Demokrit (Fragmente der Vorsokratiker 253) zeigt, daß es einen starken, möglicherweise bis zu psychosomatischen Konsequenzen sich steigernden Druck auf Beteiligung an den öffentlichen Angelegenheiten auch in andern Ordnungen, auch für Angehörige der Oberschicht gab. Vgl. J. Burckhardt, Culturgeschichte 4,241. Doch ist das mit Athen kaum vergleichbar.

Bemerkung zu den Anmerkungen

Es würde dem Charakter dieser – nachträglich erweiterten – Vorlesung widersprechen, wenn sie mit einem ausführlichen Anmerkungsapparat versehen würde. Daher ist nur die Herkunft einiger Zitate verzeichnet, zumal derer, die weniger leicht aufzufinden sind. Dazu kommen vereinzelte Hinweise auf Literatur und weniges darüber hinaus.

Im übrigen sei es mit wenigen Angaben genug: Was wir über die attische Demokratie wissen respektive erschließen können, findet sich zusammengestellt bei Georg Busolt/Heinrich Swoboda, Griechische Staatskunde II. München 1926. 758 ff. Letzte ausführliche Behandlung: Jochen Bleicken, Die athenische Demokratie. 2. Aufl. Paderborn/München/Wien/Zürich 1994. Dort auch weitere Literatur.

Zum attischen Demos: Anton Meder, Der athenische Demos zur Zeit des Peloponnesischen Krieges im Lichte zeitgenössischer Quellen. Diss. München 1938. Ernst Kluwe, Die soziale Zusammensetzung der athenischen Ekklesia und ihr Einfluß auf politische Entscheidungen. In: Klio 58, 1976, 297 ff. sowie Klio 59, 1977, 45 ff.

Das Problem der unbekannten Athener ist Gegenstand von zwei Arbeiten aus den 1980er Jahren: R. K. Sinclair, Democracy and Participation in Athens. Cambridge 1988. J. Ober, Mass and Elite in Democratic Athens. Rhetoric, Ideology and the Power of the People. Princeton 1989. Beide konzentrieren sich aber auf das 4. Jahrhundert, aus dem zahlreiche vor Volksgericht oder Volksversammlung gehaltene Reden überliefert sind, welche Aufschlüsse über das erlauben, was in Obers Titel formuliert ist.

Anhang

Ein Vers in Aischylos Hiketiden ermöglicht es uns, wenn ich nicht irre, einen Einblick in die Agitation zu gewinnen, welche Ephialtes 462/1 und möglicherweise schon in den Monaten (oder Jahren?) davor getrieben hat, um den attischen Demos zur Herrschaft zu bringen. Da dies für die Unbekannten Athener von einigem Interesse ist, mag es angebracht sein, die stark gekürzte Fassung eines Würzburger Vortrags darüber hier anzuschließen.[79]

Aischylos, Hiketiden 370 und die Herbeiführung der Demokratie in Athen

Aischylos' Hiketiden handeln davon, daß Ägypterinnen, welche Nachfahren einer Frau aus Argos sind, ebendort Asyl begehren. Sie lassen sich an einem Altar nieder. Der König gerät in arge Bedrängnis: Die Männer, vor denen die Frauen fliehen, sind ihnen mit Heeresmacht auf den Fersen. Seiner Stadt droht Krieg, wenn sie die Mädchen aufnimmt. „Neuer Krieg", sagt der König. Argos scheint sich von einem vorangegangenen noch nicht erholt zu haben.

---

79 Er nimmt wieder auf, was ich in weiterem Zusammenhang 1987 untersucht habe: Der Umbruch zur Demokratie in Athen (462/61 v. Chr.). Eine Epoche der Weltgeschichte und was Zeitgenossen daran wahrnahmen. In: R. Herzog/R. Koselleck, Epochenschwelle und Epochenbewußtsein. Poetik und Hermeneutik XII. München 1987. 357 ff. [In einem anderen Aufsatz: Zum Aufkommen des Demokratie-Begriffs. Eine Nachlese. In: T. Schmitt/W. Schmitz/A. Winterling, Gegenwärtige Antike – antike Gegenwarten. Kolloquium zum 60. Geburtstag von Rolf Rilinger. München 2002 habe ich leider auf Seite 75, 1. Absatz – wohl in einer Art Black out – Anspielung und Propaganda verwechselt].

Wie also soll sich der König zwischen dem Interesse der Stadt und dem religiösen Gebot, Asylsuchende aufzunehmen, entscheiden? Er sieht keinen Weg. Er zögert. Da kommt ihm in den Sinn, daß der Altar, an dem die jungen Frauen sitzen, nicht ihm gehört, sondern der Gemeinde, der Polis. Folglich müssen die Bürger darüber entscheiden, ob sie aufgenommen werden. „Wenn der Stadt (*polis*) insgemein Befleckkung droht, muß das Volk (*laós*) gemeinsam Remedur schaffen" (366 ff.). Den Ägypterinnen aber leuchtet das nicht ein. Sie verstehen es nicht. Ihre Antwort beginnt mit den Worten: „Du bist doch die Polis, du das Ganze des Volks (*to demion*)" (Vers 370). Danach schildern sie, wie sie sich die Position des Königs vorstellen, als unumschränkte Herrschaft nämlich (371/375). Ganz allein kann er über alles verfügen. Er ist nicht rechenschaftspflichtig.

Eigentlich ist, was den Zusammenhang angeht, mit den Zeilen 371/375 alles gesagt, was an dieser Stelle nötig ist. Die Frage ist, was der vorangehende Vers 370 soll. Denn abgesehen davon, daß er überflüssig ist, behauptet er etwas, was in griechischen Ohren äußerst fremd klingen mußte. Ein König und speziell ein Tyrann kann nämlich die Polis beherrschen, er kann sie besitzen, kann eventuell mit ihr machen, was er will. Aber er kann sie nicht *sein*. Nirgends in unsern Quellen, soweit ich sehen kann, steht eine solche oder ähnliche Behauptung. Und schon gar ist es rätselhaft, wie er das Ganze des Volkes sein kann. *Dēmios* heißt, wörtlich übersetzt, „volklich". Die Griechen liebten es, Adjektive zu substantivieren. So konnten sie zum Beispiel das Schöne begreifen (das sich in einzelnen Gegenständen mit anderen Eigenschaften zu mischen pflegte; so mochte es sich fragen, was eben das Schöne an all dem war, was als schön angesehen wurde und zugleich anderes war). Entsprechend muß im „Volklichen" begriffen sein, was das Volk als Volk ausmacht – im Unterschied etwa zu den verschiedenen Besetzungen, in denen das Volk in seinen Versammlungen aufzutreten pflegt. Daher die Übersetzung „das Ganze des Volks".

Man hat auf den Ludwig XIV. zugeschriebenen Satz *L'état c'est moi* hingewiesen. Der sei hier in die zweite Person umgesetzt worden. Aber die Griechen kannten keinen Staat. Und der Gedanke der Repräsentation war ihnen ganz fremd.

Wozu also soll dieser, für sich genommen, sinnlose Satz dienen? Ich sehe drei Möglichkeiten, die zu erwägen wären: Erstens könnte er einfach an das Vorangehende anknüpfend den Gedanken des Königs auf den Kopf stellen, etwa: Du meinst, das Volk müsse für die Polis aufkommen. Die Polis aber bist du doch selbst. Wobei sich fragt, warum die Ägypterinnen Polis noch durch „das Ganze des Volkes" übertrumpfen.

Zweitens wäre es möglich, daß in dem Satz Vorstellungen anklingen sollten, welche für typisch ägyptisch gehalten werden mochten. Dann müßte es der Pharao sein, an den sie denken. Daß es die Polis ist, mit der er dabei in eins gesetzt würde, wäre unproblematisch. Denn das Wort kann für jede Form der Politischen Einheit benutzt werden, auch für das Perserreich. Wir wissen, daß Pharao sowohl den Palast wie den König bezeichnet. Wieweit es auch für das ganze Ägypten stehen kann, habe ich nicht in Erfahrung bringen können. Jedenfalls bliebe auch in diesem Punkt die Schwierigkeit, daß man den Pharao schwerlich mit dem „Ganzen des Volks" in eins setzen kann.

Eine dritte Möglichkeit der Deutung wäre, daß Vers 370 etwas aus der unmittelbaren Gegenwart Athens aufnimmt, indem er auf etwas anspielt, was den Athenern im Theater präsent war. Wir beobachten in attischen Tragödien immer wieder solche Anspielungen. Da fragt Orest, wo Athene sich aufhält, und tippt auf Afrika, wo die Stadt gerade Krieg führt, oder die Chalkidike (Aischylos, Eumeniden 292 ff.). Oder es werden in den Hiketiden bauliche Vorkehrungen zitiert, die man damals in Athen getroffen hat, um eine große Zahl von Metöken, unter anderm Ruderern, unterzubringen (957 ff.). Wenn in Aischylos' Agamemnon bald nach dem Anfang ein großes Signalsystem über die Ägäis hinweg geschildert wird (281 ff.), so mag auch das auf eine kürzlich geschaffene Einrichtung des Seebunds sich beziehen. An anderer Stelle ist von einem gerade aktuellen Bündnis Athens mit Argos die Rede (Eumeniden 290 f. 669 f. 772 ff.) – um nur wenige Beispiele zu zitieren.

So wäre zu fragen, ob der Vers 370 nicht darauf Bezug nehmen könnte, daß in der damaligen Agitation diejenigen, auf die die Worte des Verses 370 nun wirklich paßten, damit gemeint, und zwar bestärkt oder gar aufgeputscht wurden – im Zusammenhang der damaligen heftigen Auseinandersetzungen.

Die Tragödie ist zwischen 465 und 460 aufgeführt worden. 462/1 hat Ephialtes den Beschluß durchgesetzt, den alten Adelsrat auf dem Areopag zu entmachten. Anklagen gegen einzelne seiner Mitglieder waren voraufgegangen. Von irgendeinem Zeitpunkt an muß er eifrig darauf gedrungen haben, dem Areopag alle seine politischen Funktionen zu nehmen.

Wir hören, und alles spricht dafür, daß dem Rat nach den Perserkriegen hohe Autorität zugewachsen ist (*axioma*. [Aristoteles], Athenaion Politeia 23,2). Die in ihm versammelten Adligen wurden dringend gebraucht. Athen sah sich Knall auf Fall vor die Notwendigkeit gestellt, erstmals in großem Stil Außenpolitik und Krieg zu betreiben. Die Perser waren aus dem griechischen Lebensbereich herauszuhalten. Der Seebund war gegründet worden. Beziehungen zu weit mehr als 150 Poleis waren zu unterhalten, zu pflegen, abzufedern und zu sichern. Wie sollte das anders gehen, als indem die Adligen ihre Kenntnisse und vielfältigen Gastfreundschaftsverhältnisse einbrachten; hier dieser, dort jener, und in großer Zahl? Im siebten Brief Platons, den der Philosoph selbst oder jemand anderes geschrieben hat, welcher über dessen Leben sehr gut Bescheid wußte, wird gar behauptet, es seien diese Art Beziehungen gewesen, aufgrund derer sich Athens Herrschaft 70 Jahre lang habe halten können (332 b/c).

Zudem kannten die Adligen sich aus, waren weit gereist, hatten Zugang zu vielen anderen. Was also lag näher, als daß sie immer wieder zu Beratungen über Außenpolitik und Krieg herangezogen wurden – zumal von Kimon, dem führenden Politiker und Feldherrn der 70er und 60er Jahre –, ja doch wohl auch, daß sie gemeinsam berieten, im Areopag, und daß man sich etwa, der Volksversammlung gegenüber, auf ihre Autorität berief, zumal wenn man kein mitreißender Redner war, wie von Kimon berichtet wird.

Es lässt sich nicht ausmachen, was Ephialtes und seinen Verbündeten wichtiger war: Die Entmachtung des Areopags oder eine Wendung in der Außenpolitik: Daß Athen nämlich künftig Sparta nach Möglichkeit einengen oder gar bekämpfen sollte. Die alte griechische Vormacht konnte sich, so offenbar die Berechnung, Athens Aufstieg auf die Dauer nicht gefallen lassen. Und wenn Athen mit den Versuchen mancher Städte, von seinem Seebund abzufallen, im Zweifelsfalle fertig wurde (denn es bestand offenbar keine Gefahr, daß sich mehrere dazu zusammentaten), so mußte es gefährlich werden, sobald eine Stadt Spartas Unterstützung gewann. Kurz vor 462/1 scheint das im Fall der Insel Thasos fast passiert zu sein. Nur ein schweres Erdbeben in Sparta und der darauffolgende Aufstand der Heloten hatten es verhindert.

Athen aber ließ sich kaum gegen Sparta in Stellung bringen, solange die Volksversammlung unter dem Einfluß des Areopags – sowie Kimons – stand. Kimon fand, die Griechen brauchten beide Vormächte. Athen könne nicht allein in dem für zwei Zugtiere bestimmten Joch gehen. Zudem war er eng mit Sparta verbunden. Das Gros der Adligen wird ihm beigepflichtet haben. Das konservative Sparta genoß im ganzen attischen Adel viele Sympathien. So war die Entmachtung des Areopags, anders gesagt: die Emanzipation der Volksversammlung von dessen Einfluß conditio sine qua non der geplanten Außenpolitik.

Es muß ein heftiger, aufwühlender Kampf in Athen getobt haben, bis Ephialtes sich durchsetzte: die Spartaner sandten das attische Corps, um dessen Entsendung sie selbst im Kampf gegen die Heloten gebeten hatten, daraufhin zurück. Sie befürchteten, der Funke der Neuerung werde um sich greifen. Kimon wurde ostrakisiert. Ephialtes fiel bald darauf einem Anschlag zum Opfer. Aischylos' Orestie von 458 enthält ungemein eindrucksvolle Mahnungen, den inneren Frieden wiederherzustellen und sie zeigten Wege dazu auf. Noch 457 gerieten attische Adlige, als ein spartanisches Aufgebot einige Zeit an der attischen Grenze lagerte, in den Verdacht, mit dessen Hilfe die Demokratie stürzen zu wollen.

Schließlich sollte man annehmen, daß es, auch wenn das Volk schon in dieser oder jener Stadt vorherrschte, als ein ungeheuerlicher Bruch empfunden wurde, wenn man dies auch im mächtigen Athen herbeiführte, der Vorkämpferin gegen Persien, die auf so vielfältige Weise in die große Politik verwickelt war. Wie konnte das gut gehen? Zeter und Mordio wird man geschrien haben.

Zwei Argumente müssen den Gegnern der Reform vor allem zur Hand gewesen sein. Zunächst, daß in der Volksversammlung das niedere Volk – der „Mann von der unteren Ruderbank", auf den Aischylos im Agamemnon (1617) in sehr auffälliger Weise anspielt – den Ausschlag ab. Sodann und vor allem, daß die Volksversammlung überhaupt nicht das Recht habe, einen so stark in die überkommene Ordnung einschneidenden Beschluß zu fassen. Gewiß, wir wissen von keiner formalen Einschränkung dieser Versammlung. Das Volk durfte Beschlüsse fassen, worüber es wollte. Für gewisse Materien war ein Quorum vorgesehen, aber es verlautet nichts darüber, daß auch Änderungen der Ordnung dazu gehörten. Erst später wurde eine *graphē paranómōn* eingeführt. Da konnte man vor Gericht gezogen werden, wenn man einen Antrag gegen die bestehenden Gesetze gestellt hatte. Aus der früheren Zeit jedoch ist nur bekannt, daß Rechte des Volkes unter besonderen Schutz gestellt wurden: Durch einen Eid der Ratsmänner etwa, daß an der (kleisthenischen) Organisation der Bürgerschaft nichts verändert werden dürfe. Daß dagegen auch Rechte des Areopags hätten geschützt werden müssen – darauf wäre wohl keiner gekommen. Folglich ließ sich zumindest agitatorisch behaupten, es stehe der Volksversammlung nicht zu, einen so tiefen Eingriff in die überkommene Ordnung zu beschließen.

Ephialtes hatte dem letzteren Einwand in gewissem Sinne vorzubeugen versucht. Er wolle dem Adelsrat nur *epitheta* nehmen, soll er erklärt haben, Hinzugefügtes also, Dinge, Rechte, die der Rat in der guten alten Zeit gar nicht besessen hatte. Daran war richtig, daß die Autorität, die er nach den Perserkriegen gewonnen hatte, samt der darauf beruhenden Praxis einer starken Beeinflussung der attischen Politik, über all das hinausragte, was er früher normalerweise zu tun gehabt hatte. Nur scheint nicht nur diese Autorität, sondern es scheinen dem Haus auch andere, auch alte Rechte, etwa dasjenige, den Amtsträgern Rechenschaft abzuverlangen, jetzt genommen worden zu sein. Ja, es sollten ihm alle Funktionen außer der Blutgerichtsbarkeit entzogen werden. So ließ sich zumindest agitatorisch behaupten, daß es der Volksversammlung nicht zukomme, einen so tiefen Eingriff in die überkommene Ordnung zu beschließen.

Auch wenn sich inzwischen die große Zahl attischer Ruderer, mithin viele Mitglieder der Volksversammlung in der Welt relativ gut auskannte – konnte der Adel nicht sehr wohl meinen, die starke Beteiligung des Areopags an der attischen Politik sei unabdingbar? Wie sollten die kleinen Leute, die in der Volksversammlung leicht die Mehrheit bildeten, mit all den daraus erwachsenden Anforderungen fertig werden?

Übrigens spricht auch die Prägung von *to dēmion* für das Bedürfnis, das Ganze des Volkes gegen das zur Geltung zu bringen, was „bloß" *dēmos* war. In der terminologisch sehr sorgfältig gearbeiteten Verfassungsdebatte bei Herodot (3,80 ff.) spricht der Verfechter der Demokratie (die er Isonomie nennt) vom *plethos*, was damals offenbar „Gesamtheit" meinte, während die anderen mit dem Wort *dēmos* operieren. Wenn es ebendort heißt: In der Mehrheit ist das Ganze drin, so könnte auch diese Behauptung im Zusammenhang heftiger Auseinandersetzungen um das Ganze der Polis aufgekommen sein. In Sophokles' etwa

20 Jahre nach Ephialtes aufgeführter Antigone beruft sich Haimon gegen seinen Vater, den König, bemerkenswerterweise auf das „stadtgleiche Volk" (*homóptolis laós*).

Adlige Einwände gegen die Zusammensetzung und Kompetenz der Volksversammlung könnten jedenfalls sehr gut der Grund dafür gewesen sein, daß Ephialtes den Athenern, wie sie da auf der Pnyx in der Volksversammlung versammelt waren, einzuhämmern versuchte, sie seien die Polis, sie das Ganze des Volkes. So wären dann die beiden Prädikate denen zugesprochen worden, die auf sie am ehesten Anspruch hatten. Und: Wer die Polis war, war auch Herr über ihre Ordnung.

Die Deutung des Verses 370 als Anspielung auf die attische Gegenwart 462/1, die sich übrigens mit jeder der beiden anderen kombinieren ließe, würde gestützt durch zwei weitere auffällige Stellen, die ihrerseits schwerlich ins mythische Argos paßten, vielmehr am ehesten von der damaligen attischen Gegenwart her zu deuten sind: Als die Hiketiden wissen wollen, wie die Abstimmung ausgegangen ist, formulieren sie: Zu welcher Mehrheit ist die *herrschende Hand* des Volkes gelangt? (603). Und als sie vom Ergebnis hören, loben sie das Volk (*to dámion*), das die Stadt beherrscht, und nennen dessen Regiment (*archá*) *promathìs eukoinómētis*, also vorausschauend das Gemeinwesen wohlbedenkend (699 f.). Speziell das „vorausschauend" könnte auf die damalige Agitation Bezug nehmen. Man hat Kimon eine gewisse Sorglosigkeit vorgeworfen (Plutarch, Kimon 15,4). Das könnte sich auf seinen Umgang mit Sparta bezogen haben. Wer dagegen die von dort drohenden Gefahren recht bedachte, konnte als vorausschauend gelten. Das Volk hätte also die künftigen Gefahren sehr wohl begriffen, im Unterschied zum Gros des Adels. (Im Hinblick auf die weitere Geschichte der Asylaffäre war der Beschluß dagegen nicht gar so vorausschauend. Denn die Verfolger der Ägypterinnen haben Argos, wie sich im weiteren Verlauf der Trilogie, zu der die Hiketiden gehören, erweist, eine bittere Niederlage beigebracht).

***

Auch geradezu von der *Volksherrschaft* könnte in Ephialtes' und der Seinen Agitation die Rede gewesen sein. Da wir von zwei Athenern wissen, daß sie in jenen Jahren den Namen Demokrates erhielten, spricht alle Wahrscheinlichkeit dafür, daß der Begriff Demokratie damals geprägt gewesen war.

Schon um 470 begegnet uns erstmals in einem Pindar-Gedicht (Pythien 2,86 ff.) die Unterscheidung dreier Verfassungen (*nomoi*) nach dem Kriterium der Herrschaftsinhabe: Tyrannis, wenn das ungestüme Heer, also das Volk, und wenn die Weisen der Stadt walten.

Zuvor, im sechsten Jahrhundert hatte man andere Unterscheidungen getroffen. Für Solon etwa gab es Wohlordnung (Eunomie) und Mißordnung (Dysnomie). Da war es zwar nicht gleichgültig, welche Rechte dem Volk und welche den „Führern des Volkes", wie Solon sie mit Selbstverständlichkeit nennt, also den Adligen zugeteilt waren. Wie es aber um die Stadt insgesamt – und auch um die Ausübung dieser Rechte – bestellt war, hing von mehreren Faktoren ab: Von der tatsächlichen Verteilung der Macht, inneren Kämpfen, der Korruption, dem Ausmaß waltender Mißbräuche, der wirtschaftlichen Not, Verschuldung, dem Funktionieren der Gerichte etc.

Da konnten die Dinge, wie Solon es schildert, aufs Schlimmste hinauslaufen. Oder man konnte, wie Solon es dann zu bewirken vermochte, durch tiefe Eingriffe einiges verbessern (ohne daß damit, wie die nächsten Jahre zeigten, schon eine dauerhafte Ordnung hätte eta-bliert werden können). Nicht der geringste Anhaltspunkt spricht dafür, daß Solon das Volk hätte zur Herrschaft bringen können (auch wenn er die Möglichkeit erwog, ihm mehr Rechte zu geben).

Es wird schon viel gewesen sein, wenn das Volk durch eine neue Organisation seiner Unterabteilungen (was es ja außerhalb Athens schon vor Kleisthenes gab) stärker in die Politik eingespannt wurde. Oder wenn es einen „Volksrat" bestellen konnte, der es mit einer gewissen Regelmäßigkeit in der Politik präsent machte (und darauf drang, daß wirklich allgemeine Interessen des breiteren Volkes und nicht das Spiel von Adelsgefolgschaften in der Versammlung zur Geltung kamen). Immerhin zeigt sich darin – wie auch in anderem – daß ein gewisser Lernprozeß innerhalb breiterer Schichten im Gang gewesen ist, der auf eine stärkere Mitsprache der breiteren Bürgerschaft zielte.

Aber wenn es galt, eine Ordnung zu begreifen, in der das Volk mit einer gewissen Regelmäßigkeit mitzusprechen hatte, in der es stärkere Berücksichtigung heischte, so hat man sie vermutlich zunächst als Isonomie, also „Gleichheitsordnung" begriffen, eine Modifikation der

Eunomie. Das Wort dient später auch als positive Bezeichnung der Demokratie.

Noch im Peloponnesischen Krieg finden wir bei Thukydides (4,86,4) einen spartanischen Feldherrn, allerdings in einer Stadt im Norden der Ägäis, erklären, er wolle nicht, das Überkommene (*ta pátria*) drangebend, die Vielen den Wenigen oder die Wenigen den Vielen unterwerfen, vielmehr wolle er die Freiheit bringen (die mit dem Überkommenen seiner Meinung nach offenbar gegeben war). Das zielte auf ein Zusammenspiel der verschiedenen Kräfte, in dem weder der Adel noch das Volk einfach herrschte.

Anders war es, wenn sich die Dinge zuspitzten. Dann entstanden Alternativen. Dann herrschte (wenn nicht ein Tyrann) der Adel oder das Volk; welch letzteres doch wohl bedeutete, daß die Volksversammlung und eventuell ein Volksrat ziemlich regelmäßig und konsequent die Politik bestimmten.

Darauf, daß das Volk das tue, scheint Ephialtes hingewirkt zu haben: Durch die Entmachtung des Areopags, alias: die Emanzipation der Volksversammlung von dessen Autorität. Da sollte – und konnte – das Volk herrschen. So scheint es sich, wenn ich mich nicht täusche, aus der einzigen uns aus jenen Jahren vorliegenden Quelle, nämlich Aischylos' Hiketiden zu ergeben. Was vielleicht doch nicht ohne Interesse ist.

Wenn in den folgenden Jahren die attische Demokratie derart ausgebaut wurde, daß wirklich das Volk in ständigem Wechsel von Ratsmännern und Amtsträgern die Stadt regierte, lag das in der weiteren Konsequenz der In-Eins-Setzung von Polis und Demos.

www.ingramcontent.com/pod-product-compliance
Lightning Source LLC
Chambersburg PA
CBHW050544300426
44113CB00012B/2248